本书为云南省"兴滇英才支持计划"文体人才专项
"人口现代化视域下云南人口长期均衡发展研究"的成果

同舟异路

城市家庭儿童养育的多元实践

DIVERGENT PATHS
IN A SHARED FIELD

Plural Practices of Child Raising
in Urban Families

段岩娜 著

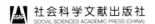
社会科学文献出版社
SOCIAL SCIENCES ACADEMIC PRESS (CHINA)

自　序

　　作为一项植根于中国社会转型语境的家庭社会学研究，本书以布迪厄实践理论为解剖刀，通过对城市中产家庭与工薪家庭养育模式的比较分析，揭示了资本-习性-场域三维框架下儿童养育的社会生成机制。作为两个孩子的母亲，我将博士后出站报告淬炼为学术专著的过程，恰是知识生产与生命体验互构的过程——养育实践中的具身经验与研究者的理论自觉形成双重透镜，使田野材料既保持经验厚度又具备理论纵深感，这种"作为方法的母职"为质性研究提供了方法论创新。

　　在家庭社会学经历"空间转向"的学术背景下，本书的独特价值在于将微观养育实践置于宏观社会结构之中，通过历时性梳理传统式、粗放式到精细化养育的演进谱系，揭示出中国家庭养育观的深层变革：从宗族伦理主导的"学做人"到个体化浪潮中的"科学养育"，家庭养育始终是重要话题。这种历史社会学视野摆脱了儿童养育研究的时间扁平化困境，为理解当代儿童养育实践提供了历时性坐标。

　　本研究运用布迪厄的社会实践理论，创新性地建构起"养育场域"的分析框架。在中产家庭"密集型养育"中，经济资本通过学区房购置实现空间价值，文化资本转化为课外培训的时间安排，社会资本构建起教育信息网络，三种资本形态的系统性运作催生出

"全人教育"的意识形态。与之形成镜像的是工薪阶层"摇摆型养育"：经济资本匮乏导致教育投资策略的碎片化，文化资本较少引发教育焦虑，社会资本薄弱加剧养育困境。

相较于安妮特·拉鲁揭示的美国社会"协作培养/自然成长"二元模式，本书发现了更具中国特色的养育谱系。城市中产家庭的"反思型养育"表面是对焦虑的抵抗，实则是通过另类文化资本积累（如国际课程、创新素养）实现阶层跃升的新策略；而"反向型养育"中的自然教育实践，本质是经济资本充足家庭的风险对冲机制。工薪家庭的"依循型养育"呈现工具理性与价值理性的张力：既通过课业督导复制制度化文化资本，又在素质教育的矛盾中陷入自我怀疑。这种复杂谱系既验证了拉鲁的阶层再生产理论，又通过中国特有的制度变量，拓展了养育研究的理论边界。

研究的方法论突破体现在"反思性养育民族志"的建构。本书通过"研究者-母亲"双重身份的持续对话，发展出"具身参与"与"方法论疏离"的辩证研究策略。在资料收集阶段，亲子互动的现场观察与教育消费的跟踪记录形成立体数据网络；在分析阶段，运用布迪厄的"参与客体化"技术，将养育焦虑、教育选择等主观体验转化为分析对象。这种"将自身作为方法"的进路，实现了经验材料与理论建构的提升。

本书最具启发性之处在于，突破了对养育方式的静态分类，转而关注"养育场域"的动态生成过程。学校的层级化与教育市场的商品化共同重构养育空间，家庭的资本运作策略呈现惊人的创造性：中产家庭母亲将学术训练转化为亲子共读的"文化游戏"，工薪家庭父亲将车间经验转化为劳动教育的现场教学。这些微观实践既是被结构形塑的产物，也在持续重塑着结构本身，这种双向互动为理解社会变迁提供了生动的分析样本。

当我们将目光投向书中那些在补习班与流水线间穿梭的童年，

看见的不仅是阶层的烙印，更是社会结构自我更新的密码。这部以自身的生命体验浇灌的学术之作，最终指向社会学研究的终极关怀——在冷峻的结构分析中为人的主体性保留希望的微光。

2025 年 5 月 5 日

目 录

CONTENTS

第一章

成为好父母

洛克在《教育漫话》的"献词"中开宗明义地指出："儿童受到良好的教育，这是每位父母的责任和牵挂，而且国家的福祉和繁荣也端赖于此，以致我希望每个人都从心底重视它，在这当中认真地检视和区分幻想、习俗和理性的主张，然后致力于依据不同的情景改善训练儿童的方法，这是给各行各业培养有德行、有用处、有才能的人才最为方便、简捷，也最为可能的方法。"（渠敬东、王楠，2019：自序，3）

中国近年来的生育率持续走低，背后有许多原因，日益提高的教养花费与父母投入是其中关键因素。北京大学中国社会科学调查中心（ISSS）发布的中国家庭追踪调查（CFPS）2010~2018 年的数据显示，孩子的养育成本占家庭收入的比例接近 50%，而其中教育支出占养育成本的比例达 34%。[①] 如何养育孩子这个问题，对于不同阶层不同教养价值观的父母来说大不相同。但教养方式与儿童发展之间的紧密关联早已成为一种不言自明的预设，驱动着父母对子女教育的慷慨投入。

---

① 《中国生育成本报告 2024 版》，https://news.qq.com/rain/a/20241121A00LN500，最后访问日期：2025 年 5 月 12 日。

第一节　做父母为何越来越难

> 我们小时候，父母好像并没有太在意教育，我们也都自然而然健康长大了。现在，家长们看育儿书、听养育知识讲座、找人咨询，在家庭教育上花费了很多心力，困惑却更多了。经常听到家长说，养孩子感觉如履薄冰，管少了怕孩子落后，管多了怕孩子心理出问题，尺度特别不好拿捏。（天天妈妈，企业主）

访谈中的这段话明确地指出一个问题，如何做父母、如何养育孩子长大成人已经从一个"个人困扰"转变为"社会结构中的公众议题"。家庭如何养育孩子，看似是个人的选择，其实是整个社会经济、政治和文化的缩影。

一　自身的困惑

作为两个孩子的母亲，我选择这样一个主题，很大程度上源于自身遭遇的一系列困境及由此产生的困惑。生养抚育，为何在当前越来越脱离养育者的养育本能而变成一件复杂、专业的事情？作为父母，为何在我们拥有更高的受教育水平、更好的教育资源的时候，反而越来越不知道该如何当好父母？作为母亲，担心因为自己做得过多或做得过少而影响孩子的未来，该怎样把握教养的度？不想让孩子承担太多压力，但更不想让孩子输在未来，家庭教育究竟应该怎么做？人工智能时代如何培养面向未来的孩子？作为父母，常常面临这样的冲突与挣扎。我的个体经验和感受是否具有普遍意义呢？

回到身处的现实，父母对子女教育的卷入越来越深。在"双减"政策实施之前，庞大的课外补习市场使课外班成为孩子们的第二课堂，学区房成了分割教育资源的基本路径，密集母职的出现使城市成为教育变动最为剧烈的场域。选择优质幼儿园,再选择优质的小学和中学,身边的父母在择校的路上不惜经济资本和社会资本,辅导孩子的作业,深度参与孩子学习时间安排和课外培训班的选择。在经济资本、社会资本和文化资本的巨大投入中"拼教养",忙碌的家长与被安排好一切的孩子,成为城市家庭的日常。如果你在寻找一个将密集型教养方式常态化的国家,那就是中国(德普克、齐利博蒂,2019:113)。

二 身处困境的父母与儿童

通过对身边家庭的观察及现有研究文献的梳理发现,当前家庭中的儿童养育主要有以下三重困境。

困境一:多种养育话语之间的冲突。近几年,关于科学育儿的知识汗牛充栋,主流教养论述一方面强调"个性发展"、"放手,培养孩子的自主性"、"给孩子爱与自由"和"让孩子做自己"等口号,另一方面却在不断强化父母的教育职责。在现实世界中家长面临多种养育话语之间的冲突所产生的挣扎与忧虑。关于理想亲职的论述一方面给父母们提供了更多的资讯,让教养具备科学依据或权威基础,另一方面又经常让父母感到无所适从,觉得自己永远难以达到理想家长的标准,从而产生自责感。父母在参与孩子的学习和培养孩子自主性、在工具理性和价值理性、在自由和规矩之间小心翼翼,如何把握其中的度成为父母的痛点。父母必须小心翼翼地在矛盾的论述间维持艰难的平衡。管教太多,担心孩子变得呆板;参与太多,又担心孩子太过依赖;既崇尚全面发展,又要兼顾竞争力的培养。在种种的羁绊下,父母究竟该何时"放手"或"收手",究竟该如何做才是正确的?书店里育儿书籍有很多,有关于如何科学养育小孩子的,有关于怎么养育孩子不生病的,有培养孩子财商、情商的,有培养孩子科学思维的,有如何养育聪明小孩的,应有尽有……但对于怎么养育,大家仍然很焦虑。

困境二:"培养孩子的竞争能力"和"尊重孩子自主性"之间的

平衡。一方面，父母普遍希望孩子能有一个轻松快乐的童年；另一方面，他们清楚地意识到在当下教育竞争如此激烈的时代背景下，轻松快乐成长只能是一种奢望，或者说只能是小学之前一个十分短暂的阶段，快乐童年与应试教育陷入矛盾境地。如何在理想的教养与现实之间进行调和，如何在不同价值观之间作出选择，在培养一个幸福的孩子和一个成功的孩子之间实现平衡，其中的张力和矛盾也增加了父母的焦虑感和不确定感。父母们经常面临不同教养目标的博弈：只要孩子快乐长大、自由探索还是希望他功成名就。我们鼓励孩子独立自主、质疑权威、成为他自己，却又暗暗期待他们听话乖巧、自律规矩、为家庭着想。一方面，我们希望孩子有一个快乐的童年；另一方面，受学校以及同伴的压力，必须让孩子参加兴趣班、特长班等。这是工具理性与价值理性的冲突。有些父母注重符合工具理性的教养，注重培养孩子未来的竞争力和适应力，比如重视成绩、文凭、考证、技能等经济层面的需求；有的父母强调符合价值理性的内在需求，比如快乐童年、身心健康或道德品格等情绪层面的需求。当父母既重视孩子内在需求又想要外部资质时，必然造成教养的矛盾与焦虑。

困境三：家庭性别分工与代际协作育儿的困境。对于职场妈妈来说，一方面，职场不会因为你是有孩子需要照料的女性而减少工作量，不会因为养育孩子而在职称评定和职务晋升等方面有所照顾，女性平等地参与和男性的职场竞争，相对于过去，社会鼓励女性取得教育与事业的成就；另一方面，职场与社会也未能提供充分的养育支持，使职场妈妈常常陷入两头煎熬的处境。另外，母职之艰，还表现在家庭和社会对母亲全能的高期待。母亲需要成为家庭、学校与市场之间的枢纽，意味着她需要运用各种能力和资源，更多地帮孩子与正式机构打交道，利用自己在社会中的结构优势，为孩子争取优质稀缺的资源。职场女性的这种能力是局限于私领域的传统家庭主妇所不具备的。从这个意义上讲，当今的合格母亲，需要拥有一种在"公"与"私"之间自由穿梭的能力，这是对母职提出的非常高的要求（施芸卿，2018）。

除了这些，为人母还承受着一定的情感劳动和情绪价值。比如，需要关注孩子的心理健康，需要为孩子提供情感劳动。比如为孩子选择培训班、周末陪伴孩子、在孩子遇到问题和挑战的时候科学应对、应对青春期的孩子等，这些都是现代社会对母职提出的挑战。

面对这样的养育困境，我们需要深入家庭养育的实践，去思考为什么当代的儿童养育会呈现这样的困境；在儿童养育中，社会结构与主体的能动性是如何交互影响的；养育究竟与儿童未来发展与成就之间是怎样的关联。

第二节　作为研究问题的儿童养育

父母所处的社会阶层如何形塑其教养理念与教养实践，又如何影响子女的成就与发展，长期以来受到社会学界的关注。对家庭社会经济地位和教养方式的研究主要包括结构主义路径和个体主义路径。结构主义路径主要研究家庭社会经济地位作为结构性要素对养育方式的整体影响，个体主义路径主要关注家长的社会流动经历、原生家庭和职场经历对养育方式的影响。

一　养育中社会结构的力量

随着家庭、私有制和阶级的产生，养育的阶层分化越来越明显。学术界形成了以法国社会学家布迪厄为代表人物的阶层养育研究学派。布迪厄将文化资本概念用于阶层养育分析，产生了文化取向的阶层分析潮流，他指出，阶层的划分不仅源于经济和外在社会条件（资本），也有赖于一种与特定社会位置相联系、与众不同的生活方式，即"习性"（habitus）的形成。布迪厄提出"文化资本"这一概念源于他对学业成就差异的考察（转引自洪岩璧、赵延东，2014）。他发现，相比个体的天赋或能力，从家庭环境中获得的文化资本对学业成就具有更强的解释力。借助文化资本这个概念，布迪厄建构了社会再生产理论，即家庭社会化过程和学校教育系统通过不同阶层群体文化资本分布结构的再生产来实现权力关系和符号关系结构的阶层再生产，这个过程的基本逻辑如下：优势阶层的子女在进入学校时相比工人阶级和下层阶级具有文化资本方面的优势，虽然后者可以通过学习获得优势阶层的一些文化资本，但他们始终不会像优势阶层那样对这些文化资本具有很高的熟悉度和掌握程度。同时，学校并不是一个社会中立的机构，而是体现了优势阶层的经验，因此优势阶层的孩子会因为他们掌握文化资本而得到学业方面的奖励或回报，而弱势阶层的孩子则会因为他们缺乏文化资本或者对文化资本的掌握不佳而处于不利地位（吴愈晓，2017）。这是一种马太效应，你拥有的文化资本越多，给你带来的文化资本就会越多。

承袭布迪厄的文化再生产理论，拉鲁（2010）在《不平等的童年》中进一步揭示了这种家庭内部的文化资本在代际传递过程中的发生机制。拉鲁通过对美国不同阶层教养实践的研究发现，中产阶级和工人阶级在教养实践上有着明显的分化，中产阶级更可能采取协作培养模式，而工人阶级则更可能采取自然成长模式。拉鲁认为不同阶层的家庭通过不同的教养方式实现了文化资本的分层，从而使不同阶层的子女在进入社会机构（包括学校、工作单位等）后有不同的成就表现。不同的教养方式为"儿童及以后的成人提供了一种感知，让他们感觉到什么对于自己是舒服自然的"（拉鲁，2010）。帕特南的研究延续这一进路，他指出，父母的教育模式是由父母的阶级地位所决定的。中产阶层父母的养育方式是精心栽培的教育，父母致力于培养自主、独立、有自我反思能力的下一代，他们同子女有着更平等的关系，更愿意同孩子讲道理。而贫困家庭的父母是自然放养的教育，放手任由孩子发展，让他们更多地凭借自己的天分和运气，在教育孩子时，这类父母更多依赖硬规矩和大棒，容易采用体罚的手段达成管教的目的。"富孩子"和"穷孩子"之间的童年经历已经渐行渐远（帕特南，2017：70~80）。

就养育实践的阶层化分析来看，既有研究基本上以中产阶层和劳工阶层的二元框架划分了家庭养育实践模式，这样的划分忽略了阶层内部的异质性，未能捕捉到同一阶层内部不同社会群体在教养实践中的差异性，并且具有决定论的色彩。中产阶层内部构成具有很大差异，各个群体在经济利益、文化程度以及生活方式等方面差异性大于一致性。同时，也忽略了教养实践作为一个生成性的"过程"对个体的塑造作用。有学者对这一结构决定论的研究进路进行了质疑，认为结构决定论更适合社会稳定、阶层分布趋于平衡、身份和等级文化突出的时代，认为结构视角用来解释更为复杂的中国经验事实仍显不足（安超，2021：28）。于是，阶层内部的差异性亲职成为学界的关注点。

二 养育实践的个体主义解释

用阶层位置来解释父母的教养风格虽然提供了有力的解释，但最大的问题就是过于简化，以及具有决定论的色彩。如果阶层的结构力量真的具有如此决定性，我们要如何解释阶层内部浮现差异的亲职价值与教养方式（蓝佩嘉，2019：30~31）。Diane Reay 的团队发现，英国白人中产阶层家长的教育选择相当不同，有些人延续自己过去的经验，选择阶层或种族同质的郊区学校，但也有家庭刻意将孩子送到都会区族群多元的公立学校（Reay，2000）。这表明阶层认同其实具有相当的弹性与动态性：人们可能因为过往的局限，有意识地重新改造家庭传承下来的惯习。蓝佩嘉将亲职视为反思（reflexivity），她把亲职视为一个协商阶层界限的社会场域，强调中产阶层与劳工阶层父母都不是同质群体，在教养策略与教养实践上存在内部分歧。通过父母资本总量高低以及教养价值观的倾向来分析"做父母"也是"做阶级"的过程（蓝佩嘉，2014），她提出了"反思亲职"的概念，即父母会把自己的生命经验当成对象来看待与反省，从而定位自己的教养态度与实践。换言之，除了父母的资本，家庭追求的价值和理念也会影响实际的教育行动。安超通过对民间养育学的研究指出，已有研究把养育方式以概念化、类型化作为标签贴在不同社会阶层、家庭类型上，而忽视了社会和家庭结构的差异，互动实践的复杂性、多样性和情境性，既缺乏宏观的历史分析，也缺乏微观的主体观照。她指出，对平民教育的研究始终没有摆脱二元对立的思维模式，故而形成了养育方式与社会结构、家庭结构、文化模式、阶层等因素一一对应的客观解释链条，而忽视了个体的能动性。需要对微观养育实践进行深描，以重新发掘不同养育方式的价值（安超，2021：32~33）。这些研究将养育带回主体性的视角，强调了主体的体验与反思对养育实践的影响以及发掘不同阶层养育方式的独特价值的意义，这一系列研究对本研究具有较大的启发意义。

家庭在教养方式的选择上除了与其所处的阶层地位、养育价值观有关外，还可能受到家长出身家庭的阶层地位与社会流动经历的影响。国内学者从索罗金、李普塞特等提出的社会流动理论出发，认为教养方式的形成不仅具有阶层继承性，也是个体理性选择的过程。流动经历会提高家长对教养方式的理性选择，而流动方向会影响家长对出身家庭的教养方式的评判，这使得教养方式的阶层继承呈现非对称性的特征（田丰、静永超，2018）。

除了家庭社会经济地位和父母社会流动经历，家庭教育期望、亲子沟通、父母的教育价值观等父母参与因素对子女教育获得的重要性也得到了越来越多研究者的重视。科尔曼（Coleman）从家庭社会资本的角度指出，父母与孩子之间的关系是联系父母经济资本、人力资本和孩子成长的纽带，缺少了这种代际互动关系的传递，子代就难以从父母的经济和人力资本优势中获益（Coleman，1998：95-120）。父母的教育价值观对教养实践的影响主要体现在，当下和未来的幸福是父母对孩子关心的两个主要方面，包括父母教养方式在内的所有教养行为都反映了其对这两个不同方面的权衡。相关学者根据父母对孩子的爱所具有的不同驱动力将父母分为两种类型——利他主义的父母和父爱主义的父母。利他主义的父母对于孩子完全共情，即接受孩子自己认为的什么对他们有益的观点，而非强加给孩子父母的观点；父爱主义的父母则更加关注从成年人的视角权衡孩子行为的利弊。完全利他主义的家长通常是采用放任型教养方式的家长，完全父爱主义的家长通常是采用密集型教育的家长（德普克、齐利博蒂，2019：40~41）。

综上所述，家庭社会经济地位、家庭教育期望、父母教育价值观、职业等都对父母的教养实践产生了重要影响。

三　养育实践在当代的转变

中国的亲职叙事在西方理念影响下，近二十年来发生了明显转变。大致可以勾勒出以下四个趋势：其一，科学育儿的兴起。"科学育儿"需要学习育儿知识，遵从科学与医学的知识，做学习型父母。"科学育儿"强调素质教育，强调时间、金钱和情感的高投入。科学育儿在城市社会的年轻父母，尤其是受过良好教育、收入稳定的新兴中产阶层中得到采纳和推崇，并逐渐被全社会接受（肖索未，2014）。科学育儿不但要求家长向儿童教育市场投入大量的金钱，也要求他们付出更多的情感劳动，努力建立新型的亲子关系，从而与知识、技能等教育服务配套，达成效果最大化。这种养育理念，需要父母（尤其是母亲）付出大量"爱的劳动"，以在自由与规则、权威与天性的内在张力之中拿捏分寸，这为更进阶版的"密集母职"提供了注解。

其二，竞争型教育的兴起。中国竞争性育儿方式渐成趋势，表现为早教低龄化、智育倾向明显、跨阶层参与、高代价化特征，并伴随着结构性的养育焦虑（安超，2020）。中产家庭一方面强调素质教育和"愉快式"的学习模式，另一方面却在不断加大学习的难度和强度，围绕学业成就展开的竞争主导着家庭教养的逻辑（李一，2018）。教育竞争催生出庞大的课外补习市场，成为一场将家庭裹挟其中的竞赛（吴愈晓，2020）。家长以阶段化、指标化、计量化的教育方式，进行超前教育和全天候的密集型教养，但也遭遇力所不及、预期违背、协调失灵等教育焦虑（耿羽，2021）。

其三，"密集母职"的形成。美国学者提出了"密集型教养方式"（intensive parenting）的概念。这一概念指的是在过去30年中成为很多人选择的高参与度、高时间密集度、高控制度的儿童抚养方法，强调以孩子为中心，时间、金钱和情感的高投入（德普克、齐利博蒂，2019：120）。"密集型育儿"话语下，父母越来越重视孩子的成就价值，希望培养面向未来和具有竞争力的孩子，通过培养可转化为教育资本的技能和才能来实现未来社会再生产的目标（李珊珊、文军，2021）。由于密集型育儿是以母亲的密集参与和主导形成的，由此衍生出"密集母职"的概念。密集母职，强调母亲责任不可替代、完全以孩子为中心、情感卷入深、在时间上有点内卷化倾向，甚至会越做越多（施芸卿，2018）。多位学者研究发现中国家庭中母亲在儿童养育中的主轴地位：现代城市中产家庭中出现"严母慈祖"的育儿格局，母亲作为育儿"总管"对儿童发展进行总体规划，掌握着主导孩子成长的话语权和决策权，并承担社会性抚育的教育职责（肖索未，2014）。同时，中产家庭对儿童养育不断提升的重视程度进一步推动了中国式"密集母职"的出现。受过良好教育、对信息接受能力较强的中产阶层父母扮演了教养知识的"学习者"，教养实践的"规划者""管理者""投资人"等多重角色（李一，2018）。"教育妈妈"作为一个新群体在中国"登场"，当下中国出现密集母职现象，不仅表现在照顾时间的密集，还表现在母亲的职责向教育领域的拓展（金一虹、杨笛，2015），对母亲的情感投入和养育智慧提出更高要求（陈蒙，2018）。对母职的不断加码强化了母亲的教育职责，也使母职陷入了困境，并伴随着结构性的养育焦虑（安超，2020；耿羽，2021）。现代母亲登上"教育前台"，变成家庭教育的掌舵手、家族竞争的总设计师、资源的动员者和现场指挥者，而家庭父权被削弱（安超，2020）。对母职的不断加码让人们感叹为何当妈越来越难。作为教育竞争加剧以及教育市场化背景下的适应性变迁，城市出现"母职经纪人化"的特征，母亲需要发挥维护信息网络、为孩子定制个性化学习路线、整合教育资源等一系列功能，以帮助子女在教育竞争中获得优势（杨可，2018）。

其四，注重孩子的情感价值和成就价值。20世纪以来，儿童在经济和情感价值方面发生深刻的文化转型。泽利泽回顾了1870~1930年儿童经济和情感价值的转型，发现儿童从具有"经济价值"的家庭劳动力转变为现代社会"经济上无用、情感上无价"的"神圣"儿童。童年为何变得这么神圣，泽利泽认为跟社会人口与家庭组成的变迁有关，包括婴儿出生率与死亡率下降、家庭规模缩小，以及专职家庭主妇的增加，家庭生活因而被赋予更多文化意义与情感价值，亲子间的情感活动变得重要（泽利泽，2008）。家庭在育儿中的工具性与情感性代替了传统功能论将儿童看作"小大人""传宗接代""光宗耀祖"的教养期待（肖索未，2014）。父母越来越重视孩子的成就价值，希望培养面向未来和具有竞争力的孩子，通过培养可转化为教育资本的技能和才能来实现未来社会再生产的目标。孩子成就价值的获得首先意味着父母要有更多的投入，包括自身的时间和金钱投入。孩子教育成就价值的获得不仅需要父母自身的投入，更需要学校的教育。为了让孩子获得更好的资源，父母不仅购买学区房或者选择私立学校为孩子择校，还会积极与老师互动了解孩子在学校的表现，积极参与学校活动，配合老师完成学校工作（沈洪成，2020）。同时，要让孩子实现全面发展，仅仅依靠学校教育和家庭教育是不够的，还要通过市场化途径让孩子参加各种课外活动、游学、夏令营等（刘程、廖桂村，2019）。

家庭养育实践在当代的转变背后有复杂的社会政治、经济与文化背景，引起这种转变的原因主要包括各种因素导致的少子化、儿童的社会价值与家庭地位的改变、阶层分化等加剧导致的教育竞争、全球化所引发的养育观念的变化等，需要我们基于对家庭养育实践的深描跟进研究这一转变的社会机制。

四 养育实践的阶层分化及其对儿童发展的影响

中产阶层更倾向于采用协作型的教养方式，工人阶层更倾向于采用自然成长型的教养方式（田丰、静永超，2018）。中国城市社会的上层和下层在教养理念上并无显著差别（洪岩璧、赵延东，2014）。由于测量维度不同，这两个研究得出了不一致的结论。这也折射出有关中国家庭教养方式阶层差异的研究需要有更具效度的测量指标。美国与加拿大的研究都发现，劳工阶层母亲比中产阶层母亲更强调孩子的学业成绩，蓝佩嘉对中国台湾工人阶层的研究也发现，中国台湾工人阶层父母主要朝向智育为主的"单食教养"（蓝佩嘉，2014）。学者通过分析中国教育追踪调查数据发现，课外班成为家庭和学校教育以外的第三个文化资本再生产渠道，而兼顾课业优势与品位的课外学习成为优势阶层家庭文化资本培养策略的重要特征（田丰、梁丹妮，2019）。

关于教养方式影响儿童社会地位获得的机制，有人力资本理论、文化资本理论和社会资本理论。人力资本理论认为，教育是一项重要的人力资本投资。"成本—收益"衡量是家庭教育投资的主要原则，儿童教育成就的差异主要是由家庭教育投资的多寡造成的。受家庭资源的约束，贫困家庭的父母通常对子女教育投入不足，影响了子女的学业成就（Becker & Nigel，1976）。文化资本理论强调家庭文化资源和文化氛围对孩子教育期望和学习成绩的影响，相对于文化资本匮乏的家庭，文化资本丰富的家庭通常更了解学校教育的规则，也会投入更多文化资源，注重培养儿童的教育期望和学习兴趣，帮助子女更好地掌握学校课程、取得优异的学习成绩（转引自李忠路、邱泽奇，2016）。从文化资本视角解释社会地位获得，说明即使是在经济、社会、政治资本相对匮乏的条件下，逐步积累文化资本，也有可能改变社会地位，从而打破社会地位的循环再生产（仇立平、肖日葵，2011）。社会资本理论则强调家长的教育参与对儿童学习行为和学业成就的影响，社会经济地位较高的父母通常会更多地参与儿童的学习活动，更加注重与学校老师以及其他家长的交流，减少儿童逃课和危险行为，进而提高儿童学业表现（转引自李忠路、邱泽奇，2016）。

越来越多的研究进一步发现，家庭教育优势的传递并非简单的家庭资源等量输出的过程（刘保中，2021）。单纯的资源论视角并不能完全解释教育结果的形成机制，家庭社会心理和教育观念对子女教育发展同样产生重要影响。父母对子女具有更高教育期望，子女更可能具有较好的成绩和较高的学历。这种影响机制主要通过两个方面来体现：一方面，教育期望通过影响父辈的教育投入，包括增加货币资金以及时间与精力投入（与子代广泛频繁的互动），影响着子代教育获得；另一方面，代际传递价值观和偏好，父母的期待和观念通过家庭社会化影响子代的观念和教育期望，子代习得父辈的行为、态度和观念，子代自身教育期望的提升影响教育获得（转引自刘保中，2021）。

从养育实践的阶层分化对儿童青少年发展的影响来看，当中上阶层的父母们面对教育回报率的上升而采用科学育儿，弱势群体受制于自身知识、时间的限制而无法科学育儿时，育儿差距的扩大将进一步加剧，并将阻碍社会流动。家庭养育实践的分化主要从三个方面对儿童发展产生影响：一是在人格与社会性发展方面，布朗芬布伦纳的研究显示，中产家庭以情感支持为导向的养育容易激发孩子的合作愿望和成就动机。相反，低阶层家庭的父母以专制为导向的养育过程，容易引发孩子的对抗与不合作，子女更容易出现叛逆行为（转引自刘程、廖桂村，2019）。拉鲁进一步阐释："协作培养"模式下的中产阶层子女在社会生活领域会更具有天然的自豪感和优越感，而"自然成长"模式下的工人阶层子女则会具有明显的疏远感、不信任感和局促感（拉鲁，2010：197~227）。二是在认知能力与学业成绩方面，很多研究都证实了高阶层地位家庭的养育方式更有利于子女认知能力发展和学业成绩提高（包括阅读能力、认知水平、标准化测验得分等）（转引自刘程、廖桂村，2019），解释这一现象的社会逻辑机制主要包括教育资源（不同社会经济地位的家庭为孩子创造的教育机会迥异）、文化资本（高社会经济地位家庭能在孩子的学习环境营造和学业辅导方面提供更多支持）。相比之下，低社会阶层缺乏经济资本和文化资本，在家校共育中的积极性不足，多重不利处境可能但不必然会导致孩子在学业成绩方面处于劣势。三是在行为发展方面，家庭社会经济地位会通过影响家庭养育方式而影响儿童的行为发展。麦克尼尔（Ralph B. McNeal）发现，亲子讨论、行为管教、学业辅导、家校合作等教育参与行为是支持儿童发展的社会资本，并因此起到降低孩子旷课、辍学等不良行为发生率的作用。反之，吉里斯（Val Gillies）指出，对家庭教育的忽视，可能导致孩子剥夺感与反社会行为之间的恶性循环（转引自刘程、廖桂村，2019）。

通过聚焦社会阶层对养育实践的形塑作用及养育实践在当代社会的新趋势可以发现，现有研究的理论贡献与实践启示可概括为以下两方面。一是阶层分析范式的演进：从结构决定论到主体能动性。早期研究（以布迪厄、拉鲁为代表）强调阶层对养育模式的结构性作用，并提出了"文化资本再生产"的理论框架。中产阶层的"协作养育"与劳动者阶层的"自然成长"模式，通过代际传递固化了教育结果（拉鲁，2010；吴愈晓，2013）。但后续研究批判其简化主义倾向：忽视阶层内部的异质性（如中产内部的分化）（蓝佩嘉，2014）；低估主体能动性，将父母视为被动承受者（安超，2021）；忽略文化资本的弹性（如流动经历促使教养方式重构）（田丰、静永超，2018）。蓝佩嘉（2014）提出的"反思亲职"概念，将养育视为动态的阶层协商过程，强调价值观与生命经验对教养策略的重塑作用，为突破结构决定论提供了新视角。二是养育方式影响机制的多维探索。家庭通过三种资本和亲子关系等影响儿童发展：经济资本、文化资本（田丰、梁丹妮，2019）、社会资本（家校互动强度）（Coleman，1987）、心理机制（重要社会态度和价值观的代际传递）（李忠路，2019）。然而，当前对父母作为养育主体的行动策略的研究不足，且对不同群体养育困境的深描不足，亟须结合历史与情境分析，揭示结构性压力下的父母能动性，并在方法论上融合宏观结构与微观互动，以揭示养育实践的动态性及其对儿童发展的多元影响。

第三节　书写"儿童养育"

一　问题的聚焦

为理解养育实践在不同社会经济地位的家庭之间及同一社会经济地位的家庭之间出现分化的现象，本书借鉴布迪厄社会实践理论对养育实践的形成机制进行分析。采用"主体-结构"的研究取向，基于实践理论聚焦于回答三个研究问题：一是通过对儿童养育的历史变迁和当下家庭微观养育实践进行深描，探讨儿童养育发生了哪些转变；二是不同社会经济地位的家庭在养育转变中所呈现的"模式趋同与方向存异"有哪些特征与表现形式；三是养育转变的实践逻辑是怎样的。

本研究将养育实践看作一个过程，而非给定的结构位置和二元范畴，探讨不同家庭父母在子女养育实践中主体性、反思性和动态性的过程。为了回答以上问题，本研究以布迪厄的社会实践理论为分析框架，以案例研究为研究方法，揭示家庭在社会结构与能动性中养育实践的多元性。

二　社会实践理论分析框架

在布迪厄的社会实践理论中，场域、资本和习性的互动构成了行动者的实践逻辑。布迪厄把阶级定义为一群拥有共同性情和相同外在生存条件的个体，提出用经济、社会、文化与符号等四类资本来分析个体在社会空间中的外在生存条件，用"习性"分析内化于心的性情。个体和阶级运用各种资本在社会空间中互相斗争，保卫或夺取有利的社会位置，而相同的社会位置会带来相同或相似的生活处境，从而形塑相似的阶级惯习（洪岩璧、赵延东，2014）。

（一）行动者的实践空间：场域

"场域"的概念是在韦伯的社会力量（social forces）和布迪厄的社会分化（social differentiation）观影响下提出来的（王铭铭，1997）。场域是布迪厄理论中的一个关键的空间隐喻（spatial metaphor），场域由附带一定的权力（或资本）形式的各种位置之间一系列在历史上形成的关系所构成（李猛，2005：279）。布迪厄认为，行动者个人的习性正是在其所处的场域中被形塑出来的，是行动者所处场域的产物。换句话说，场域是行动者同宏观社会经济条件之间一个关键性的中介变量。对处于特定场域中的行动者来说，场域之外更为宏观的那些外在的经济、政治、社会与文化因素，并不是直接将自己的影响施加于行动者，而是只有在通过场域的特有形式和力量作为中介环节，本身经过了场域中之特有形式和力量的形塑之后，才能进一步作用到行动者身上。所以，行动者及其习性都是场域的产物（谢立中，2019）。这一观念提醒我们，社会科学的研究对象既非个人，也非被视为整体的宏观"社会"，而是场域。"场域才是基本性的，必须作为研究的焦点。"（谢立中，2019）

当前探讨家庭间养育实践的多元与分化，需要考虑两个场域：一是家庭在整个社会分层体系中所处的位置，它不仅决定了学生个体拥有的资本存量，而且影响了资本转化成为直接有利于学业成绩和能力高低的结果；二是学生所就读的学校在学校分层体系中所处的位置。学校是学生接受教育和考核或选拔的场所，也是个体拥有的资本能否被转化为学业成就的地方（吴愈晓、黄超，2016）。处于分层体系不同位置的学校在学生选拔、人才培养理念和方式以及考核内容方面存在较大的差异，这种差异也可能影响家庭资本与学业成就之间的关系。

（二）行动者的实践观念：习性

在布迪厄看来，行动者是在场域中运用资本在习性的指导下进行实践，习性概念本身就是一个生成过程。习性由"积淀"在个人身体内的一系列历史关系所构成，其形式为知觉、评判和行动的各种身心图式（李猛，2005：279）。习性是一个社会性的性情系统，内化于个体日常行为之中，是积淀于个人身体内的认知和动机系统，是客观而共同的社会规则、团体价值的内化，以下意识而持久的方式体现在个体行动者身上，体现为具有文化特色的思维、知觉和行动（刘欣，2003）。布迪厄提出习性这一概念是为了超越客观主义和主观主义所固有的缺陷：习性联结了社会结构和实践行动，它既受到社会结构的形塑，又对实践行动起规范作用。借由习性，布迪厄意图既挑战自由主义建构的阶级习性的简单"理性人"的偏颇，也超越马克思主义理论中的阶级决定论（黄宗智，2023）。

布迪厄实践理论的重要观点就是，要想正确地理解人们的实践行为，就既不能像社会物理学家所主张的那样到独立于个人之外的结构和规则等客观因素那里去寻找影响人的实践行为的原因，也不应该像社会现象学家所主张的那样到人的主观意识当中去寻找影响人的实践行为的原因，而应该通过对"习性"的考察来把握影响人类实践行为的主要原因（谢立中，2019）。

（三）行动者的实践基础：资本

如上文所述，布迪厄提出用经济、社会、文化与符号四类资本来分析个体在社会空间中的外在生存条件。四类资本即经济资本（economic capital）、文化资本（cultural capital）、社会资本（social capital）和符号资本（symbolic capital）。

经济资本可以直接转化为货币，也可以制度化为产权形式，是经济学谈论最多的资本类型。在布迪厄看来，经济资本是基础性的资本类型。经济资本是所有其他类型的资本的根源，其他类型的资本只有在掩盖了经济资本是其根源这一事实的情况下才能产生自己特有的效应，但是布迪厄反对将其他类型的资本化约为经济资本，因为其他类型的资本有其独特的运作逻辑。虽然家庭经济资本并不意味着能直接与青少年教育获得挂钩，但能提供一种资源转化机制，会给青少年发展带来更多的教育资源。近年来，对家庭经济资本带来的资源转化机制关注更多的是校外教育获得的不平等研究。随着全球"影子教育"的兴起，各国教育领域都表现出校外教育成为除家庭、学校外延续文化再生产的第三场域（丛金洲，2024：27），优势阶层能够为子女提供数量更多、质量更优的课程辅导班甚至高额的私人家教，这成为经济资本转化为孩子学业成就的重要机制。

文化资本则主要表现为行动者所掌握的信息、知识，以及被制度化了的文化符号等形式。按照布迪厄的说法，文化资本是一种继承来的语言和文化的能力，它包括精美的语言表述、优雅的行为举止、适度的礼仪方式、高雅的文化品位以及一般性的文化意识等。这种资本被认为是一种获得"象征性财富"（symbolic wealth）的手段和工具。布迪厄指出，来自不同文化出身背景的人继承了不同量和质的文化资本，这种资本像经济资本一样是可以创造、培育和传递给下一代的，它对个人的学校教育以及社会化有着累积性的影响，从而对个人的社会经济地位获得和上升流动机会产生影响。与经济资本相比，文化资本的传递更为隐秘，传递也更为困难，但文化资本一经获得，其作为冲破阶层壁垒的作用也更为牢固（洪岩璧、赵延东，2014）。布迪厄把文化资本看作社会再生产和阶级再生产的最关键性的机制（李春玲、吕鹏，2008：207~208）。

社会资本是指个体或群体拥有的一套比较稳定且在一定程度上制度化的相互交往、彼此熟悉的关系网而积累起来的资源的总和。一个特定的行动者所拥有的社会资本总量取决于他能够有效动员的关系网络的规模，也就是说，取决于与他有联系的那些人所拥有的资本的总量（宫留记，2008）。在布迪厄社会资本的解释下，家庭所拥有的社会资源网络通过为子女提供更多更好的教育机会，使子女获得更高水平的教育成就。

布迪厄的社会实践理论帮助我们考察不同阶级群体的结构处境与相互关系。首先，资本的多重组成（经济资本、文化资本、社会资本与符号资本）及相互转换，不仅可以解释中产家庭的养育策略与优势，也可以描述弱势父母如何在资源有限的结构条件下尽力为孩子的教育助力。其次，资本的配置与相关关系形成了社会空间，也就是"场域"的概念，不同的阶层群体彼此未必有实质接触或互动，但他们定位自己时，有意或无意地以其他阶层群体作为区分、排除、模仿、对比的参照点。最后，习性的反思与传承。有学者批评布迪厄的结构主义导向，认为个人的反思与能动性是结构与行动的中坚力量（拉鲁，2010：90~100）。本书以布迪厄的社会实践理论为研究框架，分析城市中产家庭和工薪家庭内部的养育实践差异及其形成机制。

三　概念界定

（一）养育实践与养育方式

对家庭养育方式的研究，是从发展心理学开始的，并沿用鲍姆林德的教养方式概念，他将教养方式分为三种类型——专断型、放任型、权威型。其中，权威型教养方式被视为最费时费力的方式，但后续大量研究表明它也是最有利于儿童的学业成绩表现、品行能力形成及社会心理发展的有效教育方式。费孝通在《乡土中国 生育制度》中把养育活动分为生理性抚育和社会性抚育。生理性抚育包含生殖行为、喂养、对生活的供养、满足生理和亲密情感的需要，主要由母亲负责；社会性抚育是社会知识、经验、行为方式的传递，主要由父亲负责（费孝通，1998：105~106）。从中西方对于养育方式的早期研究的梳理来看，这种类型化研究的基本假设是，养育是可以根据核心指标的操作化进行类型化分析的。

养育实践指的是家长为了帮助子女与他人沟通、适应社会环境而向子女传递一系列知识、策略、习惯和风格的过程（转引自田丰、静永超，2018）。养育实践是父母有意或无意中通过投入实践、情感、文化资本、经济资本等对子女的一种耳濡目染的言传身教。这种言传身教嵌于家庭内部，塑造了子女的各项技能、知识和惯习，在子女的教育获得过程中发挥着核心作用（刘浩，2019）。教养方式在代际流动中构筑了一道"无形"的墙，促进优势家庭的代际传递，增强代际再生产，进而稳定阶层壁垒。教养方式是解释家庭背景与儿童未来成就关联的一个重要机制（田丰、静永超，2018）。

在养育实践的测量指标方面，教育社会学主要从教育期望、教育参与和亲子互动等方面进行测量。本研究结合学界对教养实践的概念界定，认为养育实践指家长通过养育行为传递给儿童的一系列知识、策略、习惯和风格，在这个过程中塑造了孩子的各项技能、知识和惯习。基于此，本研究将养育实践操作化为养育期望、教育参与和亲子关系三个维度。

第一个维度是养育期望（认知层次）。本书围绕一种观点展开研究，即父母对孩子的未来寄予何种期望和抱负，他们就会如何行动。以塞维尔为代表的威斯康星学派认为，作为子女成长过程中的"重要他人"，父母对于子女未来的期待对子女的自我期待、教育获得和职业成就有非常重要的影响（转引自黄超，2018）。父母对子女具有更高教育期望的家庭，他们的孩子更可能具有较好的成绩和较高的学历。这种影响机制主要通过两个方面来体现：一方面，教育期望通过影响父辈的教育投入，包括增加货币资金以及时间与精力投入（与子代广泛频繁的互动），影响着子代教育获得；另一方面，代际传递价值观和偏好，父母的期待和观念通过家庭社会化影响子代的观念和教育期望，子代习得父辈的行为、态度和观念，子代自身教育期望的提升影响教育获得。

第二个维度是教育参与（行为层次）。相比于家庭社会经济地位和教育期望对子女教育影响的清晰关系，父母参与造成的影响更为隐秘和复杂。教育参与主要从学业支持和习惯培养两个方面对孩子产生影响。

第三个维度是亲子关系（互动层次）。科尔曼在提出"社会资本"这一概念时指出，现代社会中家长的人力资本（受教育程度）不断提高，但是只有在父母与孩子之间存在充足的社会资本（亲子互动，包括与子女交流学校生活、对子女的学业提出要求）时，人力资本才能得到有效的代际传递。如果家长缺席了孩子的日常生活，这种代际传递过程就会受阻。亲子互动中的行为规范、社会网络和联结对孩子未来的成就至关重要（转引自黄超，2018）。李忠路研究发现，重要社会态度和价值观念的代际传递可能是社会经济地位代际传递的另一条重要通道，并提出了"子承父志"的说法（李忠路，2019）。因此，探讨以亲子互动作为重要表征的教养实践可以帮助我们更深刻地理解文化资本代际传递的过程。

本书根据这三个维度对中产家庭与工薪家庭的养育实践进行了类型化分析，因为养育实践涉及的因素太多，而这三个方面是相对稳定可测量的，类型化只是为了研究的便利，不代表一个家庭恒常被固定在一种类型或一种结构里，受家庭其他因素的影响，养育实践是一个动态调整和生成的"过程性"实践。亲子关系主要从非认知能力培育和价值观传递两个方面对子女产生影响。

（二）中产家庭和工薪家庭

学术界对"阶层"的使用和分析往往基于客观指标，比如财产占有量、受教育程度、职业声望、收入等。除了客观阶层分析之外，个体还能够自我认同阶层归属或社会地位归属。"认同阶层"概念的提出，充分考虑了社会个体的主观能动性：个体的主观感受不同，对自己未来命运的预期不同，对自己所处的社会位置的心理认同和评价机制不同，受这种心理认同与评价的影响而作出的社会行为也就存在区别（张翼，2005）。学术界对中产阶层概念的界定和归类指标差异极大，也有某些一致的看法。通常认为，现代社会的中产阶层成员首先应该是从事"白领"职业的人；其经济收入应该保持在中等收入水平或更高水平，经济条件较为宽裕；代表着社会主导价值所推崇的生活方式和消费模式，其消费习惯、审美品位和一整套的生活方式共同构成了中产文化；中产阶层成员具有共同的身份认同，比如，他们认为自己属于中产阶层，或者认为自身的社会地位处于中等或更高等级，同时，中产阶层的社会政治态度较趋向于温和的改良主义和道德相对主义，他们通常不会支持极端的、激进的政治行动，而是主张渐进的改革模式，对新事物和新变化采取开放的、宽容的、相对主义的态度。中产阶层的社会政治倾向被认为是社会稳定以及现代民主政治的基础。从上述对中产阶层的普遍性认识来看，确定一个人是不是中产阶层，基本上有职业、收入、消费及生活方式、主观认同四个方面的标准（李春玲，2003）。陆学艺从职业的角度分析中产阶层，认为我国的中产阶层主要由脑力劳动阶层构成，包括国家与社会管理者、经理人员、专业技术人员和办事人员以及私营企业主中的中小私营企业主（李强、王昊，2017）。有学者也从界定中产阶级的多元标准出发，将中产阶层分为职业中产、收入中产、消费中产和主观认同中产进行描述和分析。由此可知，当代中国中产阶层的构成是复杂的，是一个差异性群体，很难形成一致的社会行为（李路路、李升，2007）。但实际上就目前中国的实际情况来看，尚不存在一个统一的中间阶层，并且中间阶层的内部构成也具有很大差异性，各个群体在经济利益、文化程度以及生活方式等方面差异性大于一致性（蓝佩嘉，2014）。李强指出，教育历来是社会地位筛选的主要渠道，在中国更是如此。自1977年恢复高考以来，教育成为社会地位流动的最为正规的渠道，获得中产地位的很多体制机制都与这条主渠道接轨（李强，2005）。

基于此，本研究对中产阶层的界定基于对经济条件、职业分类、受教育程度以及自我认同四项指标的综合考察，将中产家庭界定为：在一个核心家庭中，夫妻双方至少有一方拥有本科及以上学历，至少有一方从事白领类型的职业，家庭年收入为20万元及以上的家庭。白领职业包括公务员、专业技术人员、企业管理人员等。将工薪家庭界定为在一个核心家庭中，夫妻双方的学历都是大专及以下，依靠务工获取薪金收入的家庭。职业包括服务业员工、蓝领工人等。双薪家庭中若父母双方属于不同阶层位置时，以较高者为准。

四　研究方法

（一）个案研究法

本书采用个案研究法，个案研究是社会科学的一种重要研究方式。个案，是研究者根据研究目的选取出来的作为直接研究对象的个别案例（个人、群体、组织、社区、事件等）。个案研究的策略，不同于以代表性为基础的假设检验，也不等于社会生活的单纯描述和记述，而是从具有典型性的案例出发，发现由具体社会生发的运行机制，在广度和深度上尽可能扩充、延展和融合与外部各种政治、经济、社会、文化因素的关联，并最终通过结构化的方式呈现社会全体的完整图景（渠敬东，2019）。个案研究可以提供理性知识，其优势之一是系统展现因果机制和过程（张静，2018：18）。在费孝通看来，通过对不同类型村庄的调查，"用比较方法逐步从局部走向整体"，就能"逐步接近我想了解的'中国社会'的全貌"（卢晖临、李雪，2007）。费孝通将单个社区研究的意义定位在建立"地方类型"的贡献上，希望通过积累众多的"类型"，来反映中国社会结构的总体形态（卢晖临、李雪，2007）。人们时常会混淆个案的代表性和个案特征的代表性，研究者研究的是个案特征，而非个案。换句话说，个案可以是非常独特的，甚至是偏离正常状态的，但它体现出的某些特征具有重要的代表性（卢晖临、李雪，2007）。以寻求社会知识为目标的案例研究，不是在讲一个个不同的故事，而是在呈现事实中的行为特征、关键条件、动力来源和因果联系（张静，2018：16）。个案研究所要达到的目标是"饱和"，即对某一问题有全面了解。

本书正是遵循这样的方法逻辑，对中产家庭和工薪家庭的养育实践进行了类型化的分析。书中所描述的类别，应该被理解为韦伯所说的纯粹类型或"理念型"（ideal type），即一种纯粹基于事物典型特征的抽象层面的概念建构，其目的是从纷繁的现实生活中抽离出关键的普遍特征，从而便于理论建构和比较分析（郑雅君，2023：52～53）。换句话说，虽然全书引用的资料来自真实的个案访谈，但书中归纳出的模式与类型，是将被访者的一个个相似的面向拼凑、整合、极致化的结果，每个具体的个案都会发现自己似乎更偏向于某一种模式的特征，而不是完全契合某一种类型。

（二）田野点和个案选取

1. 田野点的选取

本书的田野点主要是在 Y 省 K 市和 L 市。选择 L 市是因为 L 市是我国创新型教育模式最活跃的地区之一，各种流派的创新教育在 L 市生根发芽，很多大城市的父母为了给孩子选择创新教育而来到 L 市，本书将这一群体概称为"教育旅居者"。选择 K 市一方面是为了研究的便利，另一方面是因为目前关于密集型养育的研究主要集中在北上广等一线城市，那么对于经济不那么发达的西南地区来说，儿童养育是否呈现密集型的方式，以及在多大程度上呈现密集型方式，是一个需要进一步做比较研究的区域。

根据研究目的，选择 K 市以中产家庭子女聚集的两所小学（Y 学校、L 小学）和工薪家庭子女聚集的中学（X 中学）以及创新教育基地 L 市 M 教育社区为例，来呈现不同家庭的养育实践。

Y 学校是一所优质"民转公"学校，属于高校附属小学。这所学校的生源主要包括三部分，一是高校教职工子女及附属小学、初中、高中教职工子女；二是高校附属医院及两所协议科研单位的职工子女；三是借助经济资本和社会资本进入学校的中产家庭子女。据学校老师讲，该校一半以上的学生父母是研究生及以上学历，在受教育程度、职业、经济收入三方面均属于中产家庭范畴。学校创办于2003年，一个显著特色是在多元学习的目标下，课后延时服务的课程以各种兴趣班为主，包括以下几种类型。（1）乐器类：大提琴、小提琴、琵琶、古筝、长笛等。（2）运动类：各种球类、跆拳道、体能训练等。（3）手工类：折纸、彩泥等。（4）其他类：科学、编程、情绪管理、英语、绘本创编等，以及各种社团。丰富的课外活动、良好的生源和优秀的师资团队是该校吸引家长的重要方面。

L小学是一所优质公办学校，属于省一级示范学校，很多家长为了给孩子更好的教育，而在附近购买学区房。家长选择这所学校主要基于以下考虑。一是品牌，作为一所百年名校，师资、生源都有保证。二是学校比较重视素质教育，特别是运动方面，做得比较好，有足球队、羽毛球队、篮球队。语文教学采用大语文的学科融合发展思路，融合了历史、地理、文学素养等方面的知识，比较受家长认可。学校比较注重促进孩子全面发展。三是生源相对比较优质、比较多元，父母的职业主要有中小学教师、商人、公务员、科研及企事业单位的职工。调研中，据家长反映，每家基本上有两套房子。有些父母是有意识地避免过于严格与竞争性强的民办学校，有意为孩子选择公办学校。

创新教育以M教育社区为例，M教育社区于2012年3月正式成立，成立之初规模很小，四五个老师和两三个学生，学生比老师少。M教育社区的成立也是由于L市旅居者的需求，孩子到了上学的年纪，本地教育又不太合适，家长商量之下就建了一个幼儿园。慢慢地发展到2020年，第八个年头，有了两所幼儿园一所小学。本研究选取M教育社区的小学为案例来源学校。送孩子来这里的家庭大致有以下四种类型：一是为了给孩子追求理想的教育；二是父母自身的心理、婚姻有创伤，选择旅居来自我疗愈；三是孩子身体的原因，比如患有哮喘、癫痫等，难以继续在原来的城市或学校生活学习，来L市寻找良好的生态环境；四是孩子不适应体制内的教育，或者孩子和老师、同学处不好关系，而被迫转学。这些家长基本受过本科以上高等教育，大多生于 1980 年以后，经济收入属于中产范围，关注下一代的身心健康与全面发展。他们中的大部分，曾是应试教育体制下的成功者，但不希望自己的孩子将高考视为唯一奋斗目标。以 M 教育社区为代表的创新学校犹如一个教育桃花源，吸引着国内大城市的一些父母带着孩子来这里寻找教育的多样化可能。

对工薪家庭的调研是在 K 市 G 区进行的，在 G 区选择了一所公办中学——X 中学。X 中学是一所区级公办初中。调研有两个途径：一是通过 X 中学，联系相关老师进行调研；二是通过社区居委会联系相关家庭进行调研。X 中学的生源主要是村改居家庭子女、附近的几个老旧小区家庭子女和外来务工人员家庭子女。在老师们看来，学校的生源比较复杂，家长或者忙于工作而无暇管教孩子或者家长自身教育水平较低而无力管教孩子。

2. 个案的选取

本书以核心家庭为单位，采用收入、职业和受教育程度、主观阶层认同四个指标来选取个案。在个案选取上，采用目的抽样（purpose sampling）策略。访谈资料的收集大致分为三个阶段。第一阶段访谈时间为 2020 年 9 月至 12 月，主要是对工薪家庭的访谈，共访谈 20 个家庭。对课堂情况、学生间的互动和学生与老师的互动进行了参与观察，对孩子和家长进行了访谈。第二阶段的访谈时间为 2021 年 10 月至 2022 年 6 月，主要是对中产家庭的访谈，以滚雪球方式在三所学校各邀请到 40 位访谈对象，对她们进行了首次访问，并依据个案的具体情况进行了跟踪访谈。第三阶段的访谈时间为 2023 年 5 月至 9 月，对中产家庭和工薪家庭分别做了补充访谈。另外，还对四所学校的 15 位老师进行了访谈，并对四所学校的 25 名学生进行了访谈。

在访谈对象的选择方面，本研究选取儿童年龄在 5~15 岁、父母年龄在 35~48 岁的家庭，作为主要观察和访谈对象。因为在这个年龄阶段的家长对子代成长发展的关注和参与更加频繁和密集，因而更能详尽刻画一个家庭的教育过程。在访谈对象的选取方面，按照最大差异法确定研究对象，即基于研究对象在收入、职业、教养理念等方面的最大差异考虑，不拘泥于社会特征，比如调查第一人，请他介绍"异己"者，寻找信息的最大差异，尽可能到达两个极端（比如密集型和自然成长型）。使用"求异法"，从认识论的角度来看，"求异法"追求的是理解该现象的多样性和复杂性，因此往往需要去访谈多个研究对象，但是并不是勉强比较各个研究对象之间的异同，也不去总结所谓的"共性"。也就是说，它追求的是尽可能地穷尽一切可能性，其价值在于最终发现了多少种不同的情况（黄盈盈、潘绥铭、王东，2008）。首先依据职业、收入、受教育程度、孩子年龄及数量等进行初步选择，以得到不同类型的家庭分布。在样本选择过程中，选择的样本在每个分类上能达到饱和，按照信息饱和原则确定研究对象人数，首先梳理第一个研究对象，根据信息充足程度从第二个研究对象起，侧重发现新信息，若无新信息，分析其原因，若预计仍有新信息，则调查第三人，直到信息饱和，调查停止。在这里"新信息"是指新于文献、常识、预计，也就是新于已有认知。饱和的标准是对方表述殆尽、抵达光谱两端、自己足以分析。个案研究中，访谈的关键不是访了多少人，而是访谈到多么全面、深入才够。对访谈对象按照方便和熟悉以及相对具有代表性的原则选取。每个家庭单次访谈的时间在 3个小时左右，后面基于材料是否充分继续跟踪访谈，有的家庭会加上微信进行追踪访谈。受访家庭情况如表 1-1 所示。

表 1-1　受访个案数量与特性分布

学校	Y 学校	L 小学	M 教育社区	X 中学
受访家长	12 人	13 人	15 人	11 人
受访者性别	母 8 人、父 4 人	母 10 人、父 3 人	母 9 人、父 6 人	母 8 人、父 3 人
受访者婚姻状况	双亲 11 人、单亲 1 人	双亲 12 人、单亲 1 人	双亲 12 人、单亲 3 人	双亲 9 人、单亲 2 人
祖父母居住安排	同住 5 人、邻居 2 人、核心家庭 5 人	同住 5 人、邻居 4 人、核心家庭 4 人	核心家庭 15 人	同住 2 人、核心家庭 9 人

受访者学历	研究生及以上 8 人、大学 4 人	研究生及以上 5 人、大学 6 人、高中及以下 2 人	研究生及以上 3 人、大学 11 人、高中及以下 11 人	大学 1 人、高中（中专）8 人、初中及以下 2 人

（三）资料收集方法

本研究通过定性研究方法收集不同类型的资料。一是非结构性的深入访谈，根据开放式的访谈提纲，与受访者进行每次 2~3 小时的结构式访谈。二是参与观察，包括校外培训、家庭生活、亲职工作坊等不同活动空间的参与观察。三是文献研究法。收集公众号、朋友圈、微博以及亲子书籍等文本，通过内容分析来了解关于养育的话语建构。

1. 访谈法

访谈法的主要作用是了解受访者的家庭社会经济状况、养育期望、亲子关系和教育参与。访谈的地点通常会选在公共空间或者受访者的家里。采取半结构式访谈，即依据研究目的与问题事先编制出半结构式的访谈大纲，鼓励受访者按照自己的思路讲述养育故事。还对学校教师和学生进行了半结构式访谈。

2. 参与观察法

参与观察法是深入到研究对象的生活背景中，在实际参与研究对象日常社会生活的过程中所进行的观察。首先是观察，包括在研究对象的家里和学校的观察。到研究对象生活的社区和家里进行观察主要包括：观察社区环境和地理空间，观察家庭成员的互动方式。在学校的观察包括：哪些同学在课间喜欢聚集在一起玩；他们聊天的话题主要是什么；学生在课堂上的表现，对学习的态度，观察同学们之间的冲突行为以及学校发生的特殊事件等。其次是旁听，旁听家庭成员的谈话内容、对矛盾或问题的解决办法等。再次是互动式聊天，把握细节和例子，把握住关键的"人生事件"，详细了解事件的细节和过程，使得这个事件成为一个生动的"故事"。最后是体验和感受，记录下自己在参与观察的过程中的体验和感受。

3. 网络民族志

网络民族志是基于线上田野工作的参与观察研究，它使用计算机中介的传播作为资料的来源，以获得民族志对文化或社区现象的理解和描述。主要是对三类网络资料的使用：一是媒体对热点教养类社会事件的文本呈现、留言，以及微信群的讨论；二是通过微信朋友圈、微信群，参与观察父母关于儿童养育方面的互动与表达的相关资料，对访谈对象的某些方面通过微信补充访谈；三是对公众号、小红书、哔哩哔哩等网络平台涉教育热点话题的评论内容。

记录资料的方法，采取现场记录、录音等方法。访谈记录的整理尽可能地把现场所观察到的、听到的事情客观记录下来，不仅记录现场的谈话、行为，还记录当事人的表情、语言特征、周边环境等。在整理访谈和观察记录时，还要对记录进行分析，并且记下对现场的主观看法，包括本人的思想、感情、认识、评价、猜想和疑问等，并根据这些列出进一步访谈或观察的问题。

对于访谈资料的分析借鉴了扎根理论的方法。首先，对访谈的每个个案进行了编码。本研究对每段访谈都进行了录音，在访谈结束后，由研究者将录音转录成文字稿。对资料的编码主要有三个过程，首先，利用访谈资料中出现的一些"关键词"对访谈资料进行初步的分类归纳。其次，使用类属将这些关键词进一步归纳。最后，结合已掌握的文献资料，将这些不同关键词与不同类属按照访谈资料的故事线和逻辑进行整理。进一步，将不同个案的相关资料集中，以找出不同个案之间的共性与差异，建立类型并予以概念化，然后，选择其中较能代表某种理论类型的家庭进行个案式的书写。

（四）研究者对研究的潜在影响

陈向明认为，质性研究者必须对自己的个人因素及其研究参与者之间的互动进行审视，才可能使自己的"主观性"获得一种比较"客观"、严谨、自律的品质（陈向明，2000：118）。我自身的个人身份对研究过程和结果可能产生的影响包括以下几个方面。

身为母亲，我的角色在很大程度上帮助我与其他家长建立起融洽的关系，我们可以彼此分享想法、担忧、焦虑和养育经历。因此，一方面，我既是局内人又是局外人。局内人可能是一把"双刃剑"，虽然我自己的母亲身份在获得对研究对象的深入理解上作用很大，有助于拉近与被访者的距离，得到更为丰富的信息。作为局内人有一定优势，正因为对受访者的养育分享有很多共同的体验与感受，更能与受访者共情才能更好激发被访者分享养育经历与感受，从而获得更全面和深入的养育故事。但另一面，有些个案是我的同事、同学，访谈时自身的价值判断、与被访者的互动方式都影响访谈获得的资料，参与观察所能观察到的也往往是研究者的感官能够和愿意接收的信号，当我所听到的、看到的情形与我对正确教育孩子的定义发生冲突时，问题就出现了。同时，在被访者讲述的过程中，我由于自身的认可程度可能会无意识地忽略掉某些信息。这是作为局内人的局限性。因此，我力图在研究过程中保持价值中立。

同时，我常常需要在母职的研究者和与她们一样作为母亲的被研究者两种身份之间出入，一方面，是为了寻求与被访者之间的共鸣，找到"我们感"；另一方面，也希望能引出被访者对自身实践和社会潮流的反思。

在与不同家长的访谈中，我需要时刻审视自己的态度和立场，更需要用一种尊重的态度来对待自己不认同的一些养育实践，以及父母对养育的艰辛的抱怨和对家庭教育支持的期待，否则难免会出现研究者的先验价值和道德判断渗透到研究中，比如可能会出现自己非常不认同的养育理念和养育实践。这时候需要保持价值中立，否则会影响被访者的应对态度和主体表述的真实性。最后是无伤害性。无伤害性首要和最基本的是保密，即不泄露被访者的信息，包括文字的和声音影像的。

与任何定性研究一样，本书的研究结论只适用于特定时间内的特定人群。尽管我的许多讨论都是围绕我观察到的模式展开的，尽管我时常列出我认为具有代表性的例子，对特殊个案的关注虽然不一定具有普遍意义，但是能反映一定的社会现象。

五　本书章节安排

本书分为六章。第一章是导论，主要包括研究问题、文献梳理、理论背景与研究方法。

第二章是对清末民初至今家庭养育实践的变迁史的梳理，从养育观、养育方式和亲子关系三个方面将养育模式提炼为以伦理本位和亲缘共育为特征的"传统式养育"、以为国育儿与儿童公育为特征的"粗放式养育"以及以个体化转向与科学育儿为特征的"精细化养育"三种模式，为理解当代儿童的养育提供了历时性的坐标。

第三章主要讨论了城市中产家庭的养育实践。中产阶层内部养育实践分化巨大。本章分别以民转公学校、公办小学和创新学校的父母为案例，探讨了其在养育观、养育方式和亲子关系方面的养育参与，通过探讨父母在孩子学习和家庭生活的安排，折射了其在养育实践过程中面临的多重困境。根据养育实践的差异，将其分为"密集型养育"、"反思型养育"和"反向型养育"。

第四章主要讨论了城市工薪家庭的养育实践。本章分别以处于城市不同区位的公办学校为案例，将工薪家庭的养育实践类型化为"依循型养育"、"摇摆型养育"和"无力型养育"，探讨了工薪阶层内部在养育实践中受网络文化和邻里效应影响下所呈现的"跟别人一样"、矛盾性和无力感。

第五章以布迪厄的社会实践理论为分析框架，讨论了场域-资本-习性三维框架下儿童养育实践生成的社会机制。儿童养育是一个由场域、资本与习性形塑的生成的"过程性"实践。在养育实践形成的过程中，场域是养育实践形成的关系空间，资本是阶层间教养实践分化的重要原因。同时，养育主体在养育习性的反思与养育观的重构中实现了养育习性的重构。不同类型的家庭养育实践在结构限制中呈现不同的情感投入、价值判断与行动逻辑。

第六章为结论，通过对儿童养育的社会学分析，阐释了城市不同阶层家庭以及阶层内部养育实践的分化带给我们的启示，并思考了我们可以做些什么来助力孩子的成长。对于养育的社会学研究，可以帮助我们透过个体的养育困境看见背后的社会结构脉络。通过对家庭育儿故事的分享，我们能体察不同家长身处的结构位置的差异，能够在对"好父母"的追寻中放下不安与焦虑，倡导"园丁式"父母。

第二章

儿童养育方式的历史变迁

本书将育儿放在一个更宏观的社会历史过程中，聚焦近一百多年中国经历的三个有重要特色的阶段。第一个阶段是清末民初从传统儒家社会向现代社会转型时期，将这一时期的养育模式概括为"传统式养育"；第二个阶段是新中国成立后"以生产为中心"的计划经济时期，将这一时期的养育模式概括为"粗放式养育"；第三个阶段是市场转型后的当下，将这一时期的养育模式概括为"精细化养育"。根据研究需要，通过梳理三个历史时期我国城乡家庭儿童养育观、儿童抚养模式和亲子关系三个方面来呈现儿童养育的变迁史，从而作为本书城乡儿童养育的历史学背景。

第一节 "传统式养育"：伦理本位与亲缘共育

有关中国古代养育史的资料很多，但也很分散，基于资料的可获得性，对传统养育的论述可追溯至清末民初至新中国成立，本节聚焦清末民初从传统儒家社会向现代社会转型时期的儿童养育。

一 养育观的伦理本位：宗族责任承续与孝道精神形塑

中国传统家庭具有高度功能论的色彩，认为儿童的存在是种族绵延的保障。"不孝有三，无后为大"，生孩子是种族绵延的保障（费孝通，1998：112）。若没有子嗣，便不能把父母赐予的生命向下延续，这样就对不住父母，而能够延续香火，则是孝的表现。孩子活着主要是"学做人"，成为具有社会认可特质的"成人"，以光宗耀祖，延续香火（熊秉真，2008：87）。

基于中国古代社会的价值观念，生育被视为无比重要的事。重视生育，除了是尽孝的表现，还是一种追求福分的行为。中国的孝道文化，亦强调为人子女者一生不能不铭生育之恩、养育之恩与教育之恩（熊秉真，2008：137）。传统社会重视"多子多福"，如果儿孙满堂、数代同堂，就被认为是绝世福泽。多妻制度和早婚习俗是支持"多子多福"观的两个重要因素（刘咏聪，1997：14~16）。这种多子多孙子嗣观念的形成，主要有以下几个方面的原因。首先，传统中国是宗族社会，子孙的多寡是家族兴衰的象征，男子是家庭的主要劳动力，多子多孙更有利于家庭的发展和宗族的扩大。其次，多子多孙的子嗣观念也受祖先崇拜观念的影响。传统中国的生育观念中有相当明显的性别偏好，大多数父母都喜欢生儿多于生女。这种重男轻女的倾向和农业社会、宗法精神、儒家伦理都有关系，以务农维生的家庭，自然需要大量的劳动力从事生产，这方面儿子比女儿的功能更显著。再次，在宗法精神影响下，继承祖宗血脉的是儿子，不是女儿。女儿出嫁后与丈夫所生孩子是从夫姓的，因此并不能继承娘家宗祀。要确保与自己同血脉的人成为财产继承人，必须有儿子。最后，儒家伦理反复强调"不孝有三，无后为大"，强调婚姻的意义在于"事宗庙""继后世"，强调为人妇者有替人传宗接代的天职。凡此都直接造就重男轻女的社会心理（刘咏聪，1997：17~18）。望子成龙的心态，可谓渗透于古人育儿的不同阶段。从胎儿教育到幼儿教育，从道德、学术教育到功名期望，都寄寓着父母的这种心态（刘咏聪，1997：22）。

中国人很早就开始讨论幼儿教育的重要性，《周易·蒙》中说："蒙以养正，圣功也。"又说："匪我求童蒙，童蒙求我。"后世称教育儿童之学问为蒙学，即取义于此。古人强调，教育儿童应该及早开始，以便引导赤子步入正途，养成良好品格，即所谓"蒙以养正"。古人除了多番勉励儿童向学，如谓"子不学，非所宜，幼不学，老何为"（《三字经》）之外，其实更加着重对施教者（家长）责任之强调。在无数的家训、家规之类的作品中，人们都认为父母有教子之责（刘咏聪，1997：89~90）。

在中国传统社会，通过科举求仕的思想深入人心。有研究指出，直至宋代为止中国的幼教理想"仍以人格教育和道德培养为主，识字读书是次要而后来的事，并非幼教的重心"（刘咏聪，1997：128）。然而，读书仕进成为决定家族上升的社会流动之契机，以出仕为人生目标的家庭教育，在明清时期普及于士人阶层并进而影响到民间。不过，若要追根溯源，这种思想早已付诸前人的典籍之中了（刘咏聪，1997：128）。

过去中国幼教的主流文化，有一些特别值得注意的特征。第一个特征是在理论体系和价值观上，其中的许多主旨很容易被视为一套"成人中心"或"长者为上"的设想，在一个成人中心、长者为上的世界里，成人（家长、老师）是领导者，主动形成现实秩序。年幼的成员（家里的孩童、学校里的学生、店铺中的学徒）则被指挥，要依附，乖顺服从长辈，不许有自我声音、主见（熊秉真，2008：59）。第二个特征是带有强烈的"功能论"或者"目的至上"的特质，整个人生的意义是做一个"有用"的人。第三个特征是"道德色彩"浓重。要孩子养成一个恭敬长者、不贪嘴、不好玩的幼儿。第四个特征是这所有的"长者为上""功能主义""道德至上"等种种的目标，在实践上，还讲求动用严厉方法、硬线条的作风去达成（熊秉真，2008：58~60）。从历史种种素材来看，对儿童有几种共通的假设。一是所有的孩子生来必须好好管教。西方人说，每个人生下来不过是"一张白纸"，中国过去的许多哲学家、教育家也有类似的看法。大家不但都认为，孩子是非管不可（姑且不论孩子容不容易管，可不可塑造），而且众口一词，主张应由成人承担此管教责任（也先不说，是不是每个成人，如家长、老师，都有这种见识、品德和能力）。二是谈到管教的原则和方法时，主张用严厉的办法，鞭策惩罚，管到孩子够格、顺从为止。近世数百年间，不论上层的思想家，下层的幼教塾师、士民家长，都曾提出对儿童与童蒙不同的看法，甚至实践过不同的方法，但是表面上，这种严厉的主流教养观到 20 世纪才转为全面的质疑和彻底的松动（熊秉真，2008：58）。

二 养育形态的亲缘共育：母教生活化与礼俗社会化

中国历代幼教文献，大多数赞成严教和体罚。甚至直到今日，体罚和严管仍是华人社群教育上的一大特色或问题。中国以前常表示为了"列祖列宗"而教养小孩，后来又加上"社会福祉""国家富强"等理由。综观中国历史上各种史料发现，中国一直是一个相当看重孩子的社会。

中国传统社会中儿童的学习不是依赖母亲而是依赖村落的。在儿童的成长过程中，数不清的成人和同伴参与其中，乡村中的儿童，是不需要母亲持续注意及教导的，是在许多成人所共同参与的社群脉络中，被亲人及其他成人照顾长大的。亲缘共育的特征是养育主体众多和养育资源共享，尤其是在中国的传统大家庭中，五服之内皆为养育者，妯娌、兄嫂、姐妹、邻居也广泛地参与到看护和教育中（安超，2020）。兄长、姐姐等大孩子除了是直接的生活照顾者，也是成人世界道德观念向下传递的重要中介，是儿童重要的成长力量和信息交流渠道。亲缘喂养、村落共育的另一个特征是"吃百家饭，穿百家衣"。一方面，这是基于物资匮乏的无奈；另一方面，这也是一种社会习俗，寓意孩子"好养"，让孩子赶快长大走出家庭内部，与三教九流的陌生人打交道，接触更加广阔的社会，成为社会人。这种亲缘喂养、村落共育的主要特点是自发性、自足性，形成了一个可以互相信任、互相依赖的养育共同体，一起面对养育中碰到的困难和问题。

易子而教是传统乡土教育中的另一个重要特征，是由多养育主体引申而来的最常见的大家族教育形式。易子而教出自《孟子》，在中国有很长的历史，由于父子碍于血缘亲情，教而不听则容易动怒，伤害父子感情，造成家庭危机。易子而教的养育传统必然鼓励"远其子"的疏远的父子关系。《颜氏家训》中指出，父子之间要保持严肃的关系，不能太亲昵，骨肉之间的亲情，不能简省而不讲礼数。太亲昵就会滋生不敬的想法，不讲礼数就做不到父慈子孝。这种不亲教、不亲密的观念维系了父辈的家长权威。同伴教育和大家族教养成为易子而教的主要方式。在教育内容和教育方法上，大家族采取"习惯成自然"的"以事教"的方式，在小事上培养儿童的生活、道德习惯。易子而教的用意，在于避免父子间的正面摩擦，维系两者的感情（刘咏聪，1997：155）。

中国传统社会相当重视母教，这也跟母子相处时间通常较父子相处时间多有直接关系。熊秉真（2008）分析了明清时期士人家书、信函、自传的内容，发现在传统士人家庭中，母亲竭力帮助和鼓励儿子去取得成就，以期获得社会的承认和褒扬，中国传统男性在各种写作中很多都将自己的成就归因于母教而不是父教。平民阶层的父亲，出于种种原因常要出外谋生，照顾和教诲孩子的责任自然全落在母亲身上。读书人家庭又何尝不然？仕宦羁旅，都直接造成不少"母兼父职"的情况出现（刘咏聪，1997：161）。母亲常被局限于家庭之中，负责教育子女等，并以传达意见、彰显自我、获得成就感。她们不断地教诲、催促、告诫儿女尤其是儿子奋发向上，并不断提醒孩子自己的含辛茹苦，加之抚育幼子而结成的紧密的情感关系，促使儿子向上。母亲扮演了双重角色：一方面要养育、慈爱，另一方面要指导、训诲。在这种管教中，她的儿子走向了传统男性的角色。也就是说，在易子而教的乡土教育传统中，父亲作为"象征性权威"角色，是以母教为中介再生产的，并通过对家庭重要事务的掌控权而得到确立（安超，2021：86）。

古人教育子女，很注重向他们灌输性别意识，使孩子们自幼就知道两性各有区分，反映出社会、家庭对两性有不同的期望。《太公家教》一书就分别论述"养子之法"与"育女之法"，内容、重点均有不同。前者包括"习祖业""立言不回""知礼义廉耻""精修六艺""谈对明敏""知尊卑威仪""忠良恭俭""孝敬慈惠""博学广览""与贤者交游""不事嬉游""有守""遇事有知识"等十三项。后者包括"习女工""议论饮食""温良恭谦俭""修饰容仪""学书学算""小心软语""闺房贞洁""艳词不唱""闻事不传""善事尊长"等十项，相当具体地透出古人教子和教女的异同（刘咏聪，1997：146~147）。

人们对于女孩应否接受教育，以及接受怎样的教育，并没有一致的意见。从多种史料中我们会发现在不同的家庭，教女的态度也存在差异。由最封闭的养女不教，到最开放的与女儿切磋学问，吟诵唱和，都具体记载在不同文献中（刘咏聪，1997：140）。有些则教女粗略认识文字，足够生活所需即可，不必深入读书。然而古人教女，无论是否允其学习诗词，一般都较为强调女红、女节等，以及传统妇学的"四德"（妇德、妇言、妇容、妇功）内容（刘咏聪，1997：144）。在精神、行为方面的教育，以节、孝等内容为主，教导女儿将来要以事父母之孝心事舅姑，教女儿要保持贞洁操守等，而且在这方面的要求极为详细。

三 代际关系的差序格局：父权主导与情感疏离

古人的家庭教育，非常重视孝心的培养。在无数的训诫类书籍和文学作品中，都常有歌颂父母之恩的内容。最有名的莫过于《诗经·小雅·蓼莪》：

> 哀哀父母，生我劬劳……哀哀父母，生我劳瘁……父兮生我，母兮鞠我。抚我畜我，长我育我，顾我复我，出入腹我。欲报之

德。昊天罔极!

　　这首传诵千古的名诗,虽然没有具体写出父母在育儿过程中之辛劳,但形象地刻画出父母养儿育女之恩德。孝顺双亲是每一个阶层的父母在对下一代进行道德教育时必不可少的一项内容。儿童自小就被灌输以父母为尊为大的思想。儿童对父母要恭敬顺从。家长制社会竭力教导儿童不得与父母争辩,凡事委屈顺从,这对于稳定传统的社会秩序有一定的作用(刘咏聪,1997:118~120)。

　　中国的士大夫家庭视教养孩子为传递儒家文化中"五伦"和孝道的重要途径,继而在亲子关系上强调地位尊卑,强调父子之间的不对等关系及子女对家长的服从,视体罚为合理的管教方式。父亲要求孩子尊重自己、服从自己,经常要以"严父"的姿态出现,代价当然是父子间距离拉远,感情日疏,甚至呈现紧张局面。然而古人也并不是一味地要求做父亲的只要"严",而是在适当的时候也要"慈"。父亲的形象是"严"且"慈",父亲的责任则在"教"(熊秉真,2008:237~241)。费孝通先生说,父母相对于孩子的权威来自社会控制个人的力量:"在一个抚育是父母的责任的社会中,父母就得代表社会来征服孩子不合于社会的本性。"(费孝通,1998:191)中国的家长们极力地将孩子视为自我生命的延续和传承自我理想的下一代人:"我们自己社会中用血统概念来加强亲子一体的信念,以致我们常不自觉地认为子女是父母生物上的支派。"(费孝通,1998:204)费先生认为,亲子之间隔着一代的时间,有着不同的生活感触,更有可能发生新旧理念的冲撞。儿女们若是接受新理念,新与旧之间的差异一定会导致"世代之间的隔膜"(费孝通,1998:209)。中国父母把养育子女看成自我重生的机会,在中国社会里这尤其受到"亲子一体"的血统观念的强化。尽管"父母把孩子看成痛痒相关的部分,而子女却并没有这种感觉"。在变迁极为缓慢的社会里,不同的世代之间也会存在隔膜,但由于父子共享同一套文化理想,"世代之间的隔膜就不过是理想和现实的差别"（费孝通，1998：201~204）。

儒家伦理构建的"差序格局"将育儿纳入宗法制度的功能链条，"学做人"本质是社会角色的预演。通过"光宗耀祖"的目标设定，实现个体价值与家族绵延的绑定。在性别偏好的制度性建构中，孩子作为宗法传承载体，其价值被符号化、神圣化、工具化，形成结构性的代际权力关系。

第二节　"粗放式养育"：公共抚育与集体身份建构

粗放式养育模式主要集中在新中国成立后至改革开放以前。新中国成立初，为大力发展劳动生产力，满足生产建设对劳动力的需要，我国的生育处在不受控制的多生多育阶段，加上国家妇幼卫生状况的改善保证了家庭子女的成活率，当时的家庭子女数量较多。

一　养育观的集体主义：集体认同与"准成人"化儿童

新中国成立初期的儿童观是以"社会需要"为导向的，教育的任务主要在于培养社会主义事业的接班人。人民公社化时期的集体劳动制度，淡化了农民个体家庭的生产功能，随着义务教育渐渐普及，儿童作为劳动力的经济价值降低，作为文化符号的象征性价值越来越为国家所重视（安超，2021：157）。国家需要赋予儿童新的象征，国家的"建设者和接班人"的定位明晰了儿童的身份价值——国家的儿童，确立了儿童的"小主人翁"地位，作为"共产主义接班人"的儿童与成人一样有合法参与政治教育和活动的权利。作为"建设者和接班人"，儿童与成人一样，也参与到国家工业化建设中。在大部分的农村和城市普通家庭，较大的孩子被作为家庭预备的劳动力，从事"准成人"的家庭工作，包括帮助父母料理家务，照看较小的孩子，等等，在农村，较大的孩子还要从事辅助性农业劳动。因为要培养孩子成为祖国的接班人，父母在教育孩子上与以往社会有所不同，主要包括：一是进行劳动教育，使孩子从小树立劳动光荣，热爱集体劳动，立志做普通劳动者的思想；二是进行集体主义教育，不占集体的便宜，保护集体的利益；三是进行阶级教育，让子女体会幸福生活来之不易。为了让孩子对于新中国成立前的苦难有比较多的了解，父母和学校经常对孩子进行忆苦思甜教育，让孩子回忆自己家的苦难史（李静，2005：48~49）。

传统中国社会文化中"多子多福"的观念，在现实中并不仅仅指养老，对父母而言，劳动能力上较早"成人化"的孩子能够给家庭较早带来收益和帮助，即"福气"。当时经济社会资源相对匮乏，儿童养育也相对粗放；相较于成人，儿童并没有被特殊对待，比如，彼时劳动是一种美德，家庭并不会因为是儿童，就放弃对其劳动能力和习惯的训练。在这一阶段的社会文化中，人们对儿童并不采取"独特"化的情感和价值取向，儿童并没有因为年龄而成为一种特殊的身份。1958 年，中共中央把"教育与生产劳动相结合"作为党的教育方针的一项内容被明确地提出来。1962 年，农业中学经过整顿，50%以上的学校实行"农闲学习、农忙劳动"的制度，个别学校实行业务学习制度，儿童与成人一样，参与到国家工业化建设中（安超，2021：161）。1958 年至 1976 年，这一时期，儿童由于外在的文化环境而相继投入"革命"之中，儿童的"革命身份"在一定程度上异化了其真实的生活（陈乐乐，2019）。直到"文化大革命"结束这一状况才得到彻底改变。

二　养育模式的去家庭化："劳动者母亲"与儿童"公育"

新中国成立后，为大力发展社会生产力，一系列鼓励女性和男性同样参与社会生产的政策，由国家层面以计划经济的方式保障执行。城市大范围的扫盲班和技能培训帮助女性提升参与社会生产的能力。同时，为确保集体劳作，单位和企业不仅承担生产任务，也建立了职工子女学校和托儿所、食堂等一系列生活保障措施，帮助家庭解决基本生活需求。在这一时期，儿童照顾问题与妇女解放议题密切相关。

新中国成立初期，"妇女解放"的大规模实践对女性处境产生了深刻的影响。一方面，在意识形态及初步公共托幼体系的支撑下，女性实现普遍就业。通过对妇女解放的重新论述，国家对女性自身的价值、母爱的职责和范畴，以及儿童的属性都进行了再定义，儿童抚育从再生产领域进入生产领域，变成光荣的生产任务、国家和集体的责任（翟菁，2017）。公共化的再生产体系不仅提供了对幼儿的实际照料，而且为传统以家庭照料为职责的母亲，在需要进一步承担公领域的"工作"职责时提供了价值观的支持（金一虹，2013）。在马克思主义妇女解放理论的指导下，"生产劳动解放妇女"的观念为妇女走出家庭、成为生产和革命的主体赋予了正当性（宋少鹏，2011）。"工作着是美丽的"信念激励了一代工作的母亲，她们普遍认同工作身份是自己的第一身份，同时"大家庭"的温暖亦成为这代工作母亲们的集体记忆（佟新、杭苏红，2011）。"铁姑娘"和"英雄母亲"在这一时期大量涌现（安超，2021：145）。社会要求妇女以崭新的姿态出现在历史舞台上，给她们提出了更高的要求，"社会主义新型的家庭妇女，不仅要成为家庭中的好主妇、孩子的好妈妈、丈夫的好助手，同时也是社会活动的积极参加者……"（李静，2005：53）。

当妇女以劳动解放自己的时候，她们却面临着繁重的家务劳动和社会工作带来的双重压力，很多母亲疲惫不堪。在1956年第7期的《新中国妇女》杂志上，曾经有妇女投稿抱怨妇女过于劳累："母亲们白天劳累了一天，晚上回家还得料理家务，有的家里有三四个孩子要照顾，可是又请不起保姆，因此根本不能参加学习。日子久了，身体都拖坏了，妈妈们普遍感到睡眠不足，头昏，无形中给工作带来了损失。""我们女同志不仅从事生产工作，把自己的力量贡献给了祖国，而且教养了孩子，为祖国培育后一代，我们由于这种双重责任而产生的某些困难……"（李静，2005：53）这一时期，对职场女性来说，既承担工作又养育子女，工作被放在首要位置，工作是女性成就感的来源，也使她们面临沉重的家务负担。依托单位集体福利制的公共育儿模式，将幼儿由原先的家庭个人照顾转为由专人集体照顾模式，在生产能力不足、个人和家庭物质条件显著短缺的当时也是一种"优育"的实践（朱雪琴，2019）。但是，需要看到的是，即使是在计划经济时代，也并不代表我们已经形成了国家对育儿的公共责任意识，公共托育的安排并不意味着育儿责任转移到国家身上。育儿实际上依然属于"家庭私事"，妇女也并未因此彻底摆脱"家庭是妇女需要自己克服的私人困难"的境遇，只是当时，国家通过机制安排和成本付出，给予了积极重要的帮助。

儿童公育的思想产生了以下两方面的影响。一是颠覆了过去照料儿童是家庭乃至妇女的天然职责的观念，而变成"公事"和工作。这是将原先由妇女主要承担的"家务劳动社会化"的一种形式。二是直接影响了社会大众对儿童的期待及教养方式。新中国成立初发布的《幼儿园暂行规程（草案）》规定，幼儿园对幼儿的教育原则重要的一条是"要使幼儿惯于集体生活"；强调"幼儿园不进行识字教育，并不进行测验"。由此可见，当时对于儿童的期待，并不提倡过早的知识教育，而是偏重集体主义情感道德的塑造以及渗透其中的生活实践。

三　代际关系的工具理性：资源依赖与情感剥离

许烺光在《祖荫之下：传统中国的亲属关系、人格和社会流动》一书中指出，中国的个体人格是由中国文化中的 5 个核心因素构成的：父子关系的中心价值、两性之间的疏远、大家庭的理想、成人式的孩童教育和父母的权威与权力（阎云翔，2016：305）。这是中国亲子关系形成的主要社会文化背景。

这一时期，我国的户籍制度限制了人口流动，使人们相对固定地在某个地域生活，这也让核心家庭的周边存在稳定而紧密的亲属网络，可以共同育儿。父母普遍忙于生计，对孩子疏于照顾。打骂、惩罚是这个时期父母普遍使用的管教方式。这种棍棒教育导致了两代人之间疏离的亲子关系。另外一种教育方式就是恐吓，包括直接的言语恐吓和通过社会上"围观罪犯游街"的方式引发孩子的恐惧（安超，2021：149~151）。在妇女解放的年代，无法哺育、照料孩子的痛苦与愧疚，成为那一代无数女性的生命记忆，但这些个人的情感、记忆消失在妇女就业率快速增长、妇女走出家庭的劳动与解放叙事下（唐晓菁，2017）。在这样的背景下，大人和孩子之间缺乏心灵联系。父母陪伴的缺失及社会运动造就了那个年代成长起来的有些孩子在成为大人后成为内部矛盾的焦虑型人格（安超，2021：147）。

第三节　"精细化养育"：个体化转向与科学化建构

改革开放后，深刻的经济社会变革对家庭产生了重要的影响，一系列人口与家庭政策的制定与实施直接对家庭结构产生影响，成为家庭变革的巨大推动力。国家的工作重点转移到现代化建设上来，培养能够适应时代发展的新一代公民成为当时教育事业面临的重要问题，除了学校教育与社会教育，家庭教育的重要性也受到前所未有的关注（陶艳兰，2016a）。国家在调整追求现代化路径的过程中，人口问题被推到前沿，"人口要少，质量要好"成为当时政府的发展举措。1999 年是中国大学扩招的第一年，意味着更多的人有可以接受高等教育的机会。1998 年教育部出台的《面向 21 世纪教育振兴行动计划》提出，到 2010 年，高等教育规模扩大，入学率达到 15%。

一　养育观的个体赋权：科学育儿话语与教育投资理性

改革开放后，随着市场化进程的推进，许多中西儿童教育学者的思想受到关注，近现代教育理念也重新回到中心地位，教育观念的现代化也促成了对儿童认知的质的改变。心理学和教育学引入儿童教育，这是儿童教育自新中国成立以来最为关键的转折点。20 世纪 80 年代初到 90 年代末，这一时期的重点是关注儿童的整体发展与面向全体儿童，儿童的教育生活回归常态化。在重新认识儿童方面，主要是从儿童的认知发展特点、受教育的年龄特点及科学接受教育的内容与方式等方面进行国家层面的引导和约束。如 1979 年 11 月教育部印发的《城市幼儿园工作条例（试行草案）》中指出，幼儿园是对幼儿进行初步的全面发展教育的机构，使幼儿能够健康、活泼地成长，为入小学打好基础。又如 1981 年卫生部妇幼卫生局颁发的《三岁前小儿教养大纲（草案）》，从各个方面让公众重新认识 3 岁前儿童的发展特点与教育。这是一场"发现儿童"的革命，促进了全国范围内儿童教育理论的快速传播，强调了尊重儿童，以儿童为本的现代儿童观念。解放儿童、尊重儿童的内在自然性发展、回到儿童真实的生活世界，成为新世纪科学儿童观的精髓（陈乐乐，2019）。

随着市场经济的发展，这一时期，国家从 0~3 岁托幼体系中全部撤出，依托单位制的集体福利制度逐渐消解，原先由企业承担的福利转向由市场和社会供应，儿童照顾的主要责任重新回到家庭（岳经纶、范昕，2018）。这一变化对城镇家庭的儿童照顾安排影响很大：3 岁以下儿童的照顾责任由单位转移到家庭，3~6 岁儿童的幼儿园入学率也有所下降，且托幼费用增长较快。相应地，母亲和祖父母成为学龄前儿童的主要照顾者（岳经纶、范昕，2018）。

1982 年，我国将计划生育政策定为基本国策，其对家庭变迁产生了深远的影响。城市人首先逐渐内化了"优生优育"的观念，家庭越发重视子女的教育及综合素养的提升。子女减少使得每个孩子都弥足珍贵（杨菊华，2017）。部分从生育中解脱出来的女性走出家庭，普遍参与社会劳动，加上女性受教育程度的提高，驱使男性参与子女养育，进而带来更为平等的夫妻关系。独生子女及子女减少现象极大地改变了中国的家庭结构、家庭关系及子女养育方式，也深深影响了中国新生代在幼儿期及青少年期的生活境遇（李春玲，2019）。

二 养育方式的协作网络：科学的母职与代际支持重构

通过市场化改革，建设强大国家是 20 世纪 90 年代国家发展的战略目标。在国家追求现代性的过程中，素质作为一种主流话语被生产出来。80 年代的科学育儿主张促进孩子的智力发展，90 年代的科学育儿却明确批评了促进智力发展的片面性，强调儿童的整体素质和竞争能力，母亲角色的重要性更加凸显（陶艳兰，2016b：86~87）。随着科学养育兴起，母亲开始感觉到依靠口耳相传的方式流传下来的传统养育知识已经无法帮助她们教养好孩子，科学的母职由此形成（陶艳兰，2016b：89~90）。21 世纪以来，以儿童发展心理学为基础的西方教养观立场鲜明地指出，家庭养育从"成人视角"到"儿童中心"、从"以考试为导向"到"全面素质培养"转变，并强调早期教育、情感沟通和兴趣培养（李一，2018）。城市里的"农二代"直面的现代化压力和教育情境，在养育观念上呈现个体化转向，强调自主、培养儿童的社会适应性、性别平等和代际平等的养育观（纪莺莺、阮文雄，2024）。

随着科学养育的兴起，"母职"开始在儿童养育领域被重新唤回。国家强调家庭是儿童教育的责任主体，这一时期亦是计划生育"优生优育"观念兴起的时期，"一个孩子"对家庭来说，更显得尤为珍贵。在单位制时期，城市在职母亲曾享受过公共资源对子女照料与教育的种种支持，公私领域双重劳动造成的角色冲突曾得到一定程度的缓解。伴随着单位制的解体和国家在教育、医疗等公共领域的全面后撤，原来在集体主义时期曾被嵌入"公"当中的"私"走到了前台，子女抚育成为个体家庭不可推卸的责任（杨可，2018）。

19 世纪下半叶，"密集母职"成为西方流行养育观念，这一理念也在市场化时期随着媒体关于养育知识的宣传在我国成为主导养育实践的一套知识体系（佟新、陈玉佩，2019）。养育儿童应当是"以儿童为中心的，由专家指导的，投入情感的、劳动密集的，价格昂贵的"，并且主要由妈妈来承担（Macdonald，1998）。女性养育者与劳动者的双重身份将女性角色、家庭分工和国家理念相关联，市场化给工作母亲带来巨大的育儿压力（佟新、陈玉佩，2019）。

为了城镇工作母亲的就业，隔代养育成为家庭重要的策略行为。祖辈作为"帮忙者"进入小家庭，承担大量儿童抚育工作（佟新、陈玉佩，2019）。此外，一方面，城镇化进程的加快使一些农村的年轻人在城市定居，结婚生子后，他们有一部分会将农村的父母接到城市来辅助带娃；另一方面，那些无法在城市立足的年轻人会将他们的孩子送回农村，由父母代为抚养，只有逢年过节才有可能回家看看，由此产生了大量的农村留守儿童。祖辈参与协作育儿成为这一时期儿童养育的重要力量。

三 代际关系的民主转型：儿童中心主义与情感亲密化

这一时期的亲子关系主要有以下两个方面的特征。一是亲子互动中出现"文化反哺"现象。1994 年，马丁-怀特与北京大学社会学系合作，在河北保定进行的一项代际关系研究发现，不但 1978 年的改革开放让年青一代感到老一代的经验已经过时，而且职业、住房和其他资源由国家提供向市场提供的转变，也大大减少了年青一代在生活安排方面对年长一代和国家的依赖，降低了他们对老一代的尊重（金一虹、杨笛，2015：30）。周晓虹用了一个十分本土化的概念——"文化反哺"，来指代这种由年青一代将知识、文化传递给他们生活在世的前辈的现象，他将"文化反哺"定义为"在急速的文化变迁时代所发生的年长一代向年青一代进行广泛的文化吸收的过程"，在这个过程中子女的个性需求和自主意识得到更多尊重，亲子关系经历颠覆与重构（周晓虹，2015：4）。二是家庭小型化和少子化趋势改变了传统中国家庭的代际关系和子女养育方式，父母与子女之间更加亲密与平等（转引自李春玲，2019）。费孝通先生指出："社会变迁最紧张和最切骨的一幕，就这样开演在亲子之间。西洋的现代文明侵入我国，酝酿到五四，爆裂出来的火花，第一套里就有'非孝'。文化的绵续靠了世代之间的传递，社会为此曾把亲子关系密密地加上种种牵连。但是文化不只是绵续，还需不断的变化。"（费孝通，1998：210）伴随现代化的进程，亲子关系从传统的"孝道"、父尊子卑中解脱出来，走上了民主与平等。

小　结

从对中国传统养育方式变迁的分析可以看出，传统农耕社会，主要采取强信仰、弱干预的自然教育方式（安超，2021：305）。传统集体主义的养育观，以"学做人"、"光宗耀祖"和基于本能的养育观教育孩子。在家庭教育参与方面，亲缘共育、重视母教和生活教育成为这一时期教育的主要方式，亲子关系方面呈现疏离、控制型的亲子状态。新中国成立后，随着单位制的实行和发展社会生产力的需要，大批女性投入社会生产，养育观以塑造集体认同和劳动教育为主，儿童集体共育，这一时期儿童养育的核心价值观是"培养社会主义接班人"，儿童是国家的建设者和接班人，这一时期的儿童同父母一样参加大量的社会劳动，母亲也从家庭走向社会，成为"铁姑娘"和"英雄母亲"。这一时期的儿童由于父母工作的繁忙承受了较多的被忽略，亲子关系松散疏离。市场经济时期，随着人口与计划生育政策的实行以及经济的快速发展和女性大规模就业，科学养育和代际协同养育开始出现，儿童养育的技术化和专业化趋势越来越突出。儿童的个体价值得到重视，亲子关系也因更注重陪伴而较亲密，从这一时期开始关注儿童心理健康。

从古至今，在儿童养育中，母亲一直是儿童养育的主体，从亲缘共育到集体化抚育再到代际协作养育，不管养育的方式如何改变，从重视母教到作为劳动者的母亲到当下多面相的母亲，贯穿其中的不变的主线是母亲一直是儿童抚育的主体。同时，儿童观、儿童养育的方式和亲子关系随着时代变迁而有所变化，传统养育方式多数遭到扬弃，科学养育观念更多被现代父母所吸纳并践行。

中国人一贯秉承世代价值，人们普遍将养育子女、为他们提供发展条件作为基本的人生任务。人生任务完成了，才算尽了自己的责任，这辈子才可以活得心安理得（费孝通，1998：204）。在这种世代价值的影响下，很多家庭都将养育子女作为轴心安排自己的生活。因而，养育的精细化与复杂化不仅仅是养育实践的变革，更是中国传统文化的延续。

第三章

中产家庭的养育模式与实践张力

　　相比社会经济条件较为一般的家庭，中产家庭出于对阶层差异的认知、经济焦虑、对代际向下流动的忧虑，更倾向于在孩子的成长过程中保持干预（陈蒙，2018）。实地研究发现，中产家庭内部呈现了显著的养育模式的分化，根据家庭教育期望、亲子关系和家长教育参与三个维度的差异，本研究将中产家庭的养育实践类型分为密集型、反思型和反向型三种实践类型。

第一节　"密集型养育"：资本积累与教育焦虑

　　"密集型"是中产家庭主流的养育实践，密集型养育是指"以儿童为中心、信赖专家指导、高度情感投入、劳动密集和经济昂贵，体现出高要求性与权威性、高参与度与高反应性、高时间密集度、高经济投入等特征，家长对儿童持续关注与及时回应，以促进其智力、技能、情感价值和社会适应力各方面素质达至最优发展的一种家庭教育方式"（李珊珊、文军，2021）。在这一类型的养育实践中，父母对孩子的教育期待以国内外的名校为主，以"教育经纪人"的角色规划孩子的教育并充分运用自身的经济资本和文化资本参与孩子的教育。

　　本节聚焦中产家庭内社会经济地位较高的父母，个案主要聚集在一所民办学校。该学校创办于 2003 年，以"高端、精品、国际化"为定位，以"小班化教学、分层走班教学、艺术素质培养"为办学特色，全面落实素质教育。学校的一个显著特色是在多元学习的目标下，下午的课程以各种兴趣班为主，包括乐器类、运动类、手工类等，丰富的课外活动、良好的生源和优秀的师资团队，是该校成为家长眼中的"香饽饽"的重要原因。

一　教育目标的精英化：名校导向与国际竞争力

就父母对孩子的教育期望来看，"密集型"养育实践的中产家庭对孩子的期待普遍是国内外的名校，他们基于自身海外留学或者就业的经历，给孩子规划教育路线、辅导学业、提供学术资源的支持，期待孩子的未来能有更加"国际化"的人生。这类父母大多具有国际留学或工作的背景，或者海外有亲戚，具备充分的经济、文化与社会资本，向往国外的教育理念，形成了全球化的教养策略。父母密集参与孩子的学习、以丰富的课外活动培养全面发展，父母关注国际关系变化、培养孩子全球视野。

> 原来希望小学毕业就送孩子出国，走藤校①的路线，但新冠疫情让很多事情都不确定，以后看情况再定。我们家就这一个孩子，对我们来说，最不能承受的就是孩子教育的失败。教育的失败意味着孩子未来的职业、婚姻都会受影响，影响的可是他的一生。我和他妈妈有一种精英意识，应该孩子班上的父母大部分都有这种意识。（锤锤爸爸，医生）

> 期待孩子能考上国内"985""211"大学，然后读个研究生，

---

① 藤校指美国常青藤联盟高校，是由美国八所一流名校所组成的高校联盟，包括哈佛大学、宾夕法尼亚大学、耶鲁大学、普林斯顿大学、哥伦比亚大学、达特茅斯学院、布朗大学及康奈尔大学。

在研二时候申请出国留学，我和他爸爸都有出国留学或者访学的背景，可以给孩子很多支持。对孩子比较理想的期待是做自己喜欢的事，最低要求是孩子能和自己一样。（小正妈妈，科研工作者）

在全球化和国际化的社会背景下，对中产家庭尤其是经济资本和文化资本都丰富的父母而言，把培养"国际化人才"作为一种策略，使他们对孩子的培养更注重全面、高端的教育模式。父母的跨国流动经历形塑了他们对于培养孩子"国际竞争力"的教养期待，认为西方教育与外语能力可为下一代提供重要的文化资本。读国内名校或"藤校"是该类型父母的主流教育期望，为了培养孩子的"国际视野"，父母重视孩子的英语学习，假期带孩子去欧美国家旅居，把孩子的教育放在全家最重要的位置，利用自身海外工作和学习的经历，为孩子提供支持。同时，海外工作或留学经历也为中产家庭父母提供了一个对于教养进行反思的关键经验。

以前还计划孩子读了初中，就送到国外，现在已经不可能了。社会正在往哪方面发展，需要培养什么样的情商和智商去适应未来社会的能力？都不确定。时代不一样了，不确定性的增多让自己也多了担忧和焦虑。想不了那么长远的东西……孩子未来怎么发展，学什么专业，都是短期内不能规划的问题。对我来说，素质教育还是很重要的。以后科技所代替的学科就不那么重要了。学了以后就是自己的东西，就变得很重要。比如创新能力、文化底蕴这些是科技所代替不了的。以后孩子各方面的共情能力，孩子的情商，抗挫折能力，反而才是我们应该重视的问题。（天天妈妈，私营企业主）

期待孩子以后能读博士，做高校老师，平平安安、稳稳当当。

孩子爸爸数学比较好，爸爸说要在孩子高考前帮助孩子把高等数学学完，这样高考数学就能得高分。（诺诺妈妈，科研管理人员）

希望孩子未来能够选择自己喜欢的职业，保留中产阶层的职业和地位，成为很多父母的期待。中产阶层父母和教师普遍重视家长参与对孩子成长的重要性，教师也非常鼓励家长适度参与孩子的学习。中产家庭对子女的教育是高度情感化的，但同时是高度理性和功利化的。为了实现这样的教育期待，以及基于自身良好的经济资本和社会资本，该类型父母注重给孩子选择优质的教育资源。父母们信奉的逻辑是：上最好的小学，以增加上最好的初中的概率；上最好的初中，以增加上最好的高中的概率；上最好的高中以增加上最好的大学的概率；上最好的大学，以增加找到"最好"工作的概率。环环相扣，丝毫不容懈怠。

二　教养实践的深度介入：教育经纪人与精细化管理

家庭高度重视子女教育投入，这种投入不仅是金钱上的投入，而且是家庭经济资本、社会资本以及母亲人力资本和文化资本的全面投入。父母通过精细化的时间管理、督促和陪伴孩子的学习、精心挑选兴趣班并陪伴上课等方式参与子女的教育。

首先是时间安排上的高密度性。不管是以学期为单位的校内课程与校外课程之间的统筹设置，还是以星期为单位的学校教育与课外培训之间的协调规划，甚至是以天为单位的日程安排，家长都为子女"量身定做"了密集的时间表，在这张时间表上，孩子的时间被家长安排的各种教育活动和文化活动占满。

孩子每天有时间计划表，下午三点二十放学，放学后半小时自由玩，然后弹40分钟古筝，弹完后休息10分钟，开始贝茨视力训练法，放松眼睛、调节视力。然后进入学校作业时间，40分钟完成学校作业。然后休息 10 分钟，吃水果和喝酸奶。然后家庭作业，以寓教于乐的方式，玩逻辑狗 20 分钟。然后再做一个和数学有关的思维游戏，通过玩游戏提升口算能力。数学思维 10 分钟，数学思维和逻辑狗加起来 30 分钟。然后开始阅读，也是 30 分钟，一天精读，一天泛读，交替进行。阅读完后把自己最喜欢的一句话写在作业本上，然后吃晚饭。晚饭后英语口语课 25 分钟。然后去小区里玩，从八点半玩到九点半，然后回家洗漱睡觉。每一项活动都有严格的时间控制，到了时间闹钟会提醒孩子。在孩子的时间管理上不断探索最优化的方法。（好好妈妈，科研工作者）

孩子上了六个课外班，周一数学思维、周二英语、周四语文阅读、周五写作、周六网球、周日画画写字班……我们家的安排基本上还算是比较均衡的，周三给孩子一天休息和调整的时间。他们班好多孩子从周一到周日都是满的……（锤锤爸爸，医生）

其次是以儿童为中心的生活安排。在养育孩子过程中，整个家庭呈现"以儿童为中心的生活安排"：围绕孩子的择校购买相应的房产，围绕孩子的学习、兴趣班安排全家的时间，孩子的学习、情绪成为全家生活的晴雨表，父母自身的工作、娱乐被放在其次。以孩子为中心还体现在父母的社会交往围绕孩子而展开。"马不停蹄、全年无休"，是大多数家庭生活状态的现实写照。父母们普遍认为，现代教育应该以孩子为中心，而孩子是脆弱的、被动的，父母需要承担起子女教育的全部责任。因此，帮助子女规划好教育的路线、安排好各类学习的时间，成为父母们自赋的"天职"，这是家长主义浪潮下父母对孩子教育参与的真实呈现。

再次是经济上的高投入。童年在现代社会变成了一种昂贵的生活方式，儿童消费市场的范围早已不再局限于食物、玩具和童装等方面，而是不断地扩大，诸如音乐、美术、舞蹈等各类艺术兴趣培训班和奥数、英语、亲子阅读等课外辅导班已成为当代儿童教育消费的重点领域（林晓珊，2018）。

> 我每天除了陪儿子完成学校的作业外，还会陪上兴趣班。除了辅导孩子学习，还需要和老师保持联系，及时关注孩子在学校的表现，还经常和妈妈们交流经验和心得。孩子做作业我也全程陪伴，及时纠正坐姿、错题等。学习这个事情和孩子的身体健康一样重要。我对孩子的教育参与是全面的，没有放手过。原来给孩子报了很多兴趣班，写作班、阅读班、跆拳道班、英语班、乒乓球班、书画班、奥数班、大语文班等。后来上三年级，作业多了，就没时间上了，关键是因为孩子近视了，就把很多兴趣班都停掉了。现在只上了跆拳道班、英语班、乒乓球班。每年在孩子兴趣班、辅导班上的花费都有五六万元。（小正妈妈，高校教师）

父母全面、深度参与孩子的教育，且在孩子的教育投入上竭尽全力。学校系统的教育难以完全满足家长的需要，他们纷纷转向市场化的教培机构，且在接送、陪读中不遗余力。

> 孩子从一年级开始上了英语辅导班和数学辅导班，我每次都跟着孩子一起上，记了厚厚的两本数学笔记和英语笔记，坚持了两年后，我放弃了英语。是因为有次我骑电动车送孩子去上英语课，路上下起了瓢泼大雨。我用雨衣把孩子盖好，自己任凭大雨冲刷，头发、全身湿透，送到辅导班，我已经成了落汤鸡。那一刻，我决定放弃。陪孩子上课，我比孩子还认真，每次一字不落地记下老师所讲的，回来后孩子遇到不懂的还要来问我。数学课也是如此，孩子上的班全省就这一个，我觉得收获很大，所以选

择了坚持，孩子在学校的数学考试几乎每次都是 100 分，这是我和孩子一起努力的结果。（芒果妈妈，高校教师）

访谈中，许多家庭给孩子报了四个及以上的兴趣班。家长们投入大量的时间和金钱来支持孩子参与课外活动，课外活动以体育类、乐器类、语言类、思维类为主，"不是在上兴趣班，就是在上兴趣班的路上"成了最佳的注解。当问及为何要给孩子报这么多兴趣班时，父母们惯常的回答是："现在的孩子不都是这样吗"，"为了让孩子全面发展啊"，"孩子喜欢啊"。很多妈妈把孩子的教育放在比自己的工作更重要的位置，认为工作差不多就行，孩子的教育是头等大事。

父母越来越重视孩子的成就价值，希望培养面向未来和具有竞争力的孩子，通过培养可转化为教育资本的技能和才能来实现未来社会再生产的目标。孩子成就价值的获得首先意味着父母要有更多的投入，包括自身的时间和金钱投入。孩子的教育支出在整个家庭支出中占据很高比例，儿童消费成为家庭消费的重要内容。孩子教育成就价值的获得不仅需要父母自身的投入，也需要学校的教育。为了让孩子获得更好的资源，父母不仅为孩子择校购买学区房或者选择私立学校，还会积极与老师互动以了解孩子在学校的表现，积极参与学校活动，配合老师完成学校工作。同时，要让孩子实现全面发展，仅仅依靠学校教育和家庭教育是不够的，还要通过市场化途径让孩子参加各种课外活动、游学、夏令营等。

在对待孩子上兴趣班的问题上，很多父母呈现矛盾的心态，一方面，不想让孩子这么忙这么累，希望孩子能有一个轻松的童年；另一方面，又恐怕孩子在竞争性的社会中积累的优势不足。父母普遍注重对孩子综合素质的培养，基于孩子的兴趣爱好对孩子的课外活动进行系统性的谋划和投入。帕特南（2017：57）的研究显示，参与课外活动会给孩子的成长带来看得见的好处。长期参与课外活动的孩子，不但读书期间往往有上佳的表现，在踏入社会后也能走得更远。参与课外活动的最大益处仍是软实力和人格的培养，当孩子们参与课外活动时所培养的首先是那些非认知性的能力和习惯，比如毅力、团队合作、领导力和人际交往能力。软实力和课外活动的意义不亚于知识能力以及在校时的学习成绩（帕特南，2017：197~200）。

三　代际互动的权威型模式：规则意识与双向协商

持"密集型"养育观念的父母在养育过程中更加重视孩子的成就价值，育儿过程中更多采取"胡萝卜加大棒"的方法，父母对孩子的学业和成长抱持着强烈的责任感。父母会强调和子女普遍建立了密切的亲子关系，即使认为孩子应该听大人的，或者会有打骂，但依然是建立在亲密的情感关系基础上。正如正正妈妈所说：

> 不管自己生病做手术期间，还是去国外做访问学者期间，不管多艰难，都把孩子带在身边，不舍得送到爷爷奶奶家，不舍得让孩子离开自己。

在亲子沟通方面，此类型父母保留着中国传统家庭文化的特点，往往处于权威性的地位。虽然受到现代教养理念的影响，也认识到与孩子应该"平等"地相处，但在实际情境中，往往还是扮演着权威的角色。

> 我认为孩子应该听大人的，毕竟孩子年龄小，认知有限。有时候孩子不听话、不好好写作业我也会打骂，讲道理行不通。（小正妈妈，高校教师）

> 对孩子我一直很发愁适度的"度"怎么把握，老是和颜悦色，放松一点，孩子的成绩就差一点。如果对孩子狠一点、严厉一点，成绩就上来了，真是"不谈学习母慈子孝，一谈学习鸡飞

狗跳"，学习简直是亲子关系的"杀手"。虽然现在家长文化水平普遍提高了，也都更重视孩子教育，但在家庭教育上有困惑的家长反而更多了。（天天妈妈，私营企业主）

正如天天妈妈所说，"虽然家长文化水平普遍提高了，但在家庭教育上的困惑越来越多了"，困惑主要在于如何把握养育的度。如果做不到对孩子的教育参与，就会有负罪感，担心因为自己做得不对而影响孩子的未来。在主流教养话语之下，母亲们必须密集性地为孩子投入时间和精力成为一种理所当然的选择，如果做不到好像就是母亲的失职失责，会引发强烈的负疚感。

四　母职焦虑与儿童的心理健康

作为父母，为何当我们自身看似已拥有更高教育水平、更多资源的时候，反而愈加迷茫与杂乱，不知从何选择？作为母亲，无论是"工作妈妈"还是"全职妈妈"，始终在如何把握对孩子教育参与的度上而困惑，时时面临内心的冲突和挣扎？

不同家庭的育儿区别会导致孩子走上不同的路，我觉得自己对育儿还是有一定的知识、理论体系和丰富的信息来源，认为小学低年级的孩子，很大程度上是父母的见识和格局决定的，父母的见识对孩子形成了推力，在很大程度上决定了孩子能走多远。（好好妈妈，科研工作者）

家长们深陷"教养的迷思"，认为家庭的养育投入和孩子的成绩及未来的发展呈正相关关系。不管国家的政策如何干预，家长们仍然受长期延续下来的教育习俗的影响。面对家长教育投入和参与的持续增加，我们既不能否认家长主义文化的影响，也不能简单地用父母的非理性、竞争性教育观念来解释。事实上，这是成年人为自己如何做

"好父母"设定的责任边界，并据此来建构父母身份。

在访谈中，我遇到了三位一边读博一边养娃的妈妈，她们都会有自己作为妈妈"不称职的感觉"和"一边带娃一边读博的两头煎熬"，而这样的"两头煎熬"对于"读博爸爸"几乎是不存在的，他们的博士基本上能读得更顺利，照顾责任也更少一些。"博士妈妈"则常常承受着身心的恶性循环：焦虑和忙碌导致学习效率低，学习效率低又导致焦虑，焦虑导致睡眠不好，进而无法兼顾读博和育儿。当然，一边读博一边养孩子也不完全都是负面的，有一位博士妈妈说："我的孩子让我免于学业倦怠，而读博让我免于为人母亲的倦怠。"甚至也有博士妈妈说，照顾孩子让自己变得更加懂得时间管理、组织和效率，读博的时候更不拖延也更专注。

> 我有两个女儿，每天早上六点半起床洗漱给孩子做早餐，差不多七点五十前孩子们能吃好早餐去上学。如果爸爸不出差，他送孩子上学；如果他出差，就我送。然后洗碗收拾好自己去上班，紧张工作持续到下午四点，如果到了下午四点开会就需要协调接孩子的问题。如果不开会就冲去学校接老二，送到家里快五点，把晚饭简单准备一下，又去接老大，回到家六点。两个孩子玩着我做饭，通常七点半能吃完晚饭。然后孩子们到小区里玩20分钟，回家做作业。通常九点钟做完作业，然后洗漱睡觉，每天睡着的时间基本上是十点半。从下午四点到晚十点半的六个半小时时间里，我是马不停蹄地忙碌。对于单位安排的需要晚上加班的紧急工作我是没办法完成的，这个时间对于不需要承担照顾孩子任务的同事来说也是一天中工作最高效的时间。但对我来说，是为孩子忙碌的。周六通常会带孩子到户外玩，周日接送孩子上各种兴趣班，做作业。周末比平时更忙更累。兼顾孩子使我和同事比起来每天少了两三个小时的工作时间，这让我很焦虑又很无奈。（暖暖妈妈，科研工作者）

对于母亲们来说，不管是职场妈妈还是全职妈妈，都会诉说着自己在履行母职时所面临的多种困境。首先，对于职场妈妈来说，平衡职业发展和子女教育投入成为其面临的最大难题。一旦她们以母职为主，如果没有代际协作养育的支持，那么她的工作必然受到影响，两者兼顾且能得到双赢的女性少之又少。但凡有事业、家庭双丰收的女性，多半是可以仰赖父母提供的照顾孩子及承担家务的支持。

"密集型"养育实践是兼具权威和专制特点的养育方式，对孩子的身体－心理健康、认知－学术能力、社会－情感发展都有积极影响。孩子在父母的教育下培养多样的兴趣爱好、发展个性、表达想法、了解社会规则，能够产生一种权力感，为将来适应社会打下良好的基础（李珊珊、文军，2021）。在这样的养育实践中，父母需要付出大量的情感劳动和认知劳动。情感劳动指个体管理情绪以创造对他人恰当的心态（Hochschild，1983）。在养育过程中，家长需要不断调整心态。比如很多父母为了管理好自己的情绪上家长训练营、正面管教之类的心理学课程；读心理学书籍，不断调整自己的情绪。在高投入的同时，父母也感受到较大的精神压力，比如，有的妈妈盯着孩子学习，这种盯着孩子学习的方式让自己非常累。同时，养育孩子情感投入多，父母需要管理情绪，努力建立新型的亲子关系，从而与知识、技能等教育服务配套，达成效果最大化。另外，新型的养育需要父母付出大量的认知劳动，认知劳动包括需求生成，找出不同选项，做决定和过程管理（Daminger，2019）。比如，掌握教育信息，包括教育政策的频繁调整、择校、购买学区房、选择兴趣班等方面。在这样的过程中，时间投入多。父母在工作之余就是陪伴孩子，很少有个人休闲时间。这使得养育孩子成为一项时间、金钱和情感高投入的复合型工程，以至于很多父母感慨养孩子比工作还累。杨可用"教育经纪人"一词来称呼在辅导班以职业化标准来追求子女在教育市场中表现的中产家庭妈妈，强调她们在市场化教育中通过大量投入来帮助子女在激烈的教育竞争中获得优势的行为。比如维护信息网络、了解教育市场产品与目标学校需求、定制个性化学习路线、规划影子教育学习时间、亲身整合教育资源等（杨可，2018）。

第二节 "反思型养育"：价值重构与主体觉醒

"反思型"养育指的是对主流密集型养育的教养逻辑持反思态度的养育类型，相对于课业成绩，这类父母更注重身心健康发展，更注重孩子全面发展。持"反思型"养育观念的父母反思的核心议题是"什么是好的教育"。他们更认同孩子的成长需要指导，也会积极参与孩子的教育，但也认为孩子的成长有自己的规律。这类父母比较关注如何在学习和快乐童年之间取得平衡？这类父母认为认知能力的培养（成绩）和非认知性能力（毅力、抗逆力、团队协作能力、情商等）的培养一样重要。对孩子的期待是未来能够保持中产阶层的位置，做自己喜欢的事情。

本节案例聚焦中产家庭内社会经济地位相对居中的父母，个案主要聚集在一所学校，该学校属于省一级示范学校，很多家长都是为了让孩子在这所学校上学而特意买的学区房。家长选择这所学校主要基于以下考虑：一是品牌，作为一所百年名校，师资、生源都有保证；二是学校比较重视素质教育，注重孩子的全面发展；三是生源相对比较好、比较多元。选择该公办学校的家庭主要是两类情况：一是希望孩子就近上学，省去很多接送时间，家长孩子都更轻松；二是父母有意识地避免选择过于严格与竞争激烈的民办学校，而专门为孩子选择公办学校。

一 教育理念的转向：非认知能力培育与风险防范

这一类型的父母最核心的期待是孩子能够保持现在的阶层地位，或者比父母的生活条件更好一些。认为孩子不一定要上"985""211"

高校，关键是要有健康的心理、健全的心智和学习的能力。普遍持有"全人教育"[①]的理念，除了学习成绩，也注重非认知能力（勇敢、敏锐、乐观、自控力、责任心、心理稳定等）的培育。

> 对孩子比较注重全方位的培养，对性格、学习、作息时间、习惯、语言、爱好、体育运动等都非常注重，在每一方面都追求优质的成长经历。优质的成长经历和花钱没关系。我对孩子最核心的期待，第一是希望他成为一个人格比较健全的人，有一种比较阳光、积极的性格。最好就是有情商，比较有能力。第二是性格的养成，要善于与人交往，要有一定的承压能力，要变得受人欢迎。第三是要有适应社会的能力，持之以恒爱学习的习惯，还有其他的一些能力。如果在这方面好了他这一生就不会过得差。学习要排在这些之后。（虎子爸爸，公务员）

> 我对孩子的期待就是能够做最喜欢的事，有一番作为，达到世俗上的成功，至少生活要保证，因为自己会有在经济上的挣扎，希望孩子能够突破，追求更大的成功。（毛毛妈妈，高校教师）

随着全球化进程和智能时代的来临，父母们对成功所需的理想特质有了新的认识，她们认为，孩子未来的成功不仅需要学习好，还要善于与人合作，有团队意识；心理有韧性，能应对压力和挑战；能够有良好的沟通与协调能力；等等。父母重视孩子人格的培养与非认知能力的提升，同时，又谨慎地认为孩子至少要达到世俗意义上的成功。持反思型观念的父母并不完全赞同传统的养育理念，同时认为来自西

---

① 全人教育是在对传统教育目的提出批评的基础上形成的一种教育思想，它反对将工具性目的凌驾于个人发展的目的之上，认为个人的发展应优先于社会需要。在全人教育看来，教育不仅是为企业培养雇员、为国家培养人才，教育还应充分发掘人的潜能，培养人的完整发展，使人在身体、知识、技能、道德、智力、精神、灵魂、创造性等方面都得到充分发展（谢安邦、张东海，2007）。

方的养育理念在本土化方面也面临问题，更希望在传统养育方式和西方养育方式之间取得平衡。同时，他们也对密集型和自然成长型持反对态度，在教育理念上呈现更多反思的态度。

二　教养策略的协商性：引导性参与和边界建构

这一类型的父母重视子女教育投入，也通过购买学区房等方式为孩子选择优质的学校，但避免过于激烈的竞争环境。基于孩子兴趣，选择 2~3 个兴趣班。

> 我对现在的教育有很多看法，两个孩子都在上小学……我女儿经常考 B 或者 C，她回家告诉我成绩的时候，我都会问她，还有比你分数低的同学吗？她说有啊，还有五六个呢，我就说那怕什么，考了 B 或者 C 说明你进步空间还很大，考 A 了就没有进步空间了。（熙熙爸爸，高校教师）

> 我觉得学校的课业对孩子来说太简单了，我主要培养孩子的阅读。从孩子两岁开始每天坚持亲子阅读，不管多忙多累，都坚持。比如，我会给孩子买很好的书，把学习性和趣味性结合起来，孩子爱读又能增长知识。除了在家里给孩子买比较好的书之外，还经常带孩子去图书馆看有趣的书，图书馆的书比较多，孩子总能找到自己感兴趣的书。以更加轻松、更加有趣、更加乐于接受的方式让孩子学习。从不给孩子额外加作业量，每天到点必须睡觉，多看书尤其是看杂书，对学校的学习花时间是最少的。多参加辅导班，多做题，可能能刷出高分，但可能使小孩失去了学习的兴趣，让他感到厌烦，从长远看，肯定是不利的。给孩子报课外班，我只接受兴趣类的课外班，比如体育类、乐器类、编程类的，英语、数学等课业辅导的培训班觉得没必要学。（虎子爸爸，公务员）

这类父母力图拿捏好介入孩子学习的方式和分寸，在宏观的社会结构和激发孩子的主体性和能动性之间找到父母教育参与的空间，他们不希望强调自由和个性而让子女在学习上落后。

在一系列政策组合所引发的非预期后果下，近几年国家陆续出台了一系列教育政策，推动教育公平与均衡化发展。2021年是中国义务教育阶段政策调整程度最深、幅度最大的一年。从义务教育阶段入学"多校划片"整治学区房、优质高中"名额分配"、"双减"（减轻义务教育阶段学生作业负担和校外培训负担）、"民办转公办"（整治教育产业化）、"教师轮岗"等一系列政策的出台，国家在推进教育资源均衡化进程中"打出了组合拳"，一系列教育政策形成的合力将有力减轻义务教育阶段的竞争和压力，促进教育资源均衡化。但最让父母们担心的问题是，持续不断的"减负"政策改革了教育环境，但是在高考评价机制未发生根本改变的前提条件下，分数仍然是决定教育获得的最重要、最核心和最关键的评价标准，两者间的张力引发了家长们更大的迷茫和焦虑。这一系列政策对于教育焦虑下的"反思型"父母来说，当然是顺应她们的教养期待，但他们更担心政策能否落地？如果别的家长继续"卷"，自己能否心安理得？

> 如果学校和家长都能严格执行"双减"政策，当然是利国利民的好事，能让义务教育阶段的孩子轻松快乐接受教育。可问题的关键是我按照教育部的要求减负了，别人却在悄悄"鸡娃"，那结果会怎么样？就像小孩在学校吃得都差不多，但别人回去还给开了小灶加了餐，那可能别人家小孩比你家长得高长得壮呀！所以，"双减"怎么落地是关键。（田田爸爸，医生）

2022年底ChatGPT的问世到2025年DeepSeek的问世，人工智能的发展在教育界掀起了一阵巨浪。如何在人工智能时代养育面向未来的孩子成为父母们关注的重要议题。

　　担心人工智能高度发达的社会，体制内教育学到的知识在未来发挥不了什么作用，是不是"体制外"路线更有利于培养孩子未来的竞争力，总有点危机感……完全不明白以后会怎么变化……人工智能迅速发展后，未来一定会有大量职业被淘汰，那么，孩子应该培养何种技能，以应对这种快速变化，什么样的学校又能培养 AI 时代所需的人才技能呢？（乐乐爸爸，国有企业员工）

　　在人工智能飞速发展的时代，我们不希望孩子的宝贵时间浪费在刷题上，而是希望她做感兴趣的事情，同时能培养一些未来所需的技能，比如创造力、共情能力、面对多变环境的调适能力，交流和沟通能力。作为家长，也只能摸着石头过河。（草莓妈妈，高校教师）

　　作为一个个体，一个生命，能不能在学习这条路上发展，是需要天赋的。人生就是来体验的，没啥要光宗耀祖，惊天动地的，看看现在这个大环境，大家对社会发展预期不确定，不像以前那样的高预期，经过三年疫情，不确定性增多。阶层的跃升是需要几代人才能实现的，单靠一代太难了，净资产才是核心。我身边真正资产很丰厚的家庭对孩子的教育反而很淡定，只做常规动作，具体对以后的发展没有太多规划。当有底气的时候，反而很淡定。（阿柱爸爸，职业经理人）

　　面对这个充满不确定性的世界，中产家庭父母在反思中也有摇摆不定的心态，"摸着石头过河"成为很多家长的养育心态，如何正确引导孩子成为他们需要不断思考的内容。同时，受当前国际形势和经济形势的影响，父母们普遍降低了社会发展预期和子女成就预期。

三　代际关系的对话机制：心理健康话语与实践困境

这类父母受现代科学养育理念影响较深，认可民主、平等和协商的原则，注重与孩子的沟通，注重孩子情绪表达，注重亲子间的互动和良好的家庭关系的营造。

孩子的某些方面是可以去训练的，训练的方式应该是带有感情的，最理想的方式是这种训练融入父母引导孩子的日常的互动，多与孩子沟通，给孩子适度的引导和鼓励。我们全家经常一起讨论问题，可以就某一问题畅所欲言、各抒己见，比如一起商量制定家庭规则，还会一起看话剧、听音乐会等。我喜欢和孩子聊天，刚开始只是想知道孩子是怎么想的，后来发现可以培养孩子的思维。我会经常问孩子是怎么想的？他为什么会这么想？用启发式的引导和孩子互动，有意构建一种良好的亲子关系，良好的亲子关系有助于孩子向自主的方向发展。李子勋的理念对我育儿影响较大，他的书《陪孩子长大：李子勋亲子关系36讲》《早教的秘密》我都反复看，在其中学会陪伴孩子成长。（馒头妈妈，小学教师）

这类父母的亲职论述多用平等、协商、尊重等语言来描述亲子关系。他们倾向于平等和孩子相处，给孩子话语权，让孩子感受到被尊重，激发孩子主动探索的欲望和对周遭世界的控制感，培养孩子的自主性和创造性，这类父母普遍用这样的价值理念构建亲子关系。亲子之间频繁地沟通交流，可充分锻炼孩子使用复杂语言与成人商讨事务的能力。研究发现，如果家庭中存在开放的交流环境，孩子有机会参与家庭事务的决策，那么就会有更好的人格发展，而且更加适应学校生活；相反，如果家长在亲子交流过程中占据主导地位，孩子的发展就会受阻（Dornbusch et al.，1989）。

与子女有更多的语言交流，这是中产家庭与工薪家庭养育实践中最显著的差异。这是因为：一方面，中产家庭的家长受教育水平高，有更大的词汇量、更多知识和更好的语言能力；另一方面，他们也更有能力学习并掌握科学的教养方式，然后在专家或专业知识的指导下加强与子女的交流以使孩子有更好的发展（黄超，2018）。在亲子关系中强调推理和讨论，这锻炼了中产家庭孩子的逻辑思维能力和语言表达能力，给孩子传递知识、自信，培养了孩子的思维能力，发展了孩子的社会性。

> 我喜欢每晚睡前和孩子聊天，白天没时间和孩子沟通，晚上聊一下孩子的生活，了解孩子，传达了对孩子的关心和爱。比如会问孩子最近和哪个小朋友玩得好，有没有喜欢的小男生，孩子会说喜欢哪个小男生，因为长得好，学习好。可能过几天又说不喜欢这个小男生，孩子可以肆无忌惮地把自己的想法和妈妈沟通。每天送孩子上学都会亲吻一下，说一声加油，告诉孩子，如果你喜欢，就表达出来；如果不喜欢，也要说出来。由此，孩子学会了勇敢地表达自己。我读过很多养育书，也关注过一些养育类的公众号，从中学到了很多科学养育的知识。孩子需要什么，我也上网去查，更好理解孩子。每个周六都带孩子去户外尽情玩耍，一般都是去爬山、钓鱼，或者参加社会实践活动，比如小记者活动。除非孩子生病，否则真是风雨无阻地去大自然玩耍。比如上个周六，孩子说分不清日出和日落，就带孩子去爬山，感受日落。（好好妈妈，科研工作者）

持"反思型"养育观念的父母注重与孩子的沟通和协商。访谈中发现，中产家庭往往具有较为清楚的规则、平等意识，鼓励孩子按照规则与家长沟通或协商。中产家庭的父母由于受到独立自主、自我导向的价值观影响，在养育子女的过程中更加注重与孩子建立平等、亲密的亲子关系，注重与孩子沟通，鼓励孩子表达自己，关注孩子的感受和情绪，通过各种亲子互动来与孩子建立情感联结，这是父母一代小时候不曾经历的亲子沟通和情感表达方式。

> 养孩子最难的就是在任何时候都能沟通，双方能够平等、融洽地沟通。不是说成绩好不好，而是能不能保持一个有效的沟通是决定亲子关系质量，从而影响学业成绩的重要因素。（阿柱爸爸，职业经理人）

如何与孩子沟通，提升亲子关系质量成为一门重要的学问，需要父母持续地学习、刻意地练习。"反思型"父母会有意识地避免自己成长经历中的缺憾，把父辈养育方式的陋习隔离开来，避免用吼叫、发火、欺骗、说教等方式与小孩相处。"和孩子一起成长"也是这类家庭理想的亲职叙事。同时，我们也看到父母对于亲子关系质量重要性的认知，认为亲子关系是影响儿童的学业成就从而对孩子的成长和发展产生影响的关键变量。

四　教养的文化矛盾：工具理性与价值理性

对于多数中产家庭而言，理想的亲职论述与实际的教养实践面临断裂，父母在"培养孩子的竞争能力"和"尊重孩子自主性"之间时常陷入矛盾的境地。

一是冲突化的教养信息。在各类养育书籍、养育专家的助力下，来自心理学、医学、教育学等学科的养育知识通过各类自媒体进入儿童教养领域，这些知识以先进的养育经验、养育模式或养育箴言为很多家长所获知、传播与认同。然而，由于学科定位、思想流派与话语体系的不同，一些养育知识呈现不同甚至相反的逻辑。一些媒体甚至有意截取部分片段加以夸大，导致一些家长对于多元化、冲突化的养育知识难辨真伪、无所适从。

　　这些年，各种养育理念层出不穷，每种理念都不乏拥护者，讲科学养育、理性养育，常常有一种胳膊拧不过大腿的无力感。一方面，提倡"静待花开""牵着蜗牛散步"这样的养育理念；一方面，又在各种"不让孩子输在起跑线上"之类的论断里，究竟应该怎么带才是真的好，别说普通人了，就连我们这些博士也会迷茫。（正正妈妈，高校教师）

孩子基本上是处于一个话语分裂的教育环境当中，这种分裂不仅体现在家庭内部不同家庭成员的教育理念方面，也体现在家长在不同亲职话语论述冲突中所引发的矛盾，还体现在家庭教育与学校教育及社会教育在某些方面的不一致。

　　我硕士、博士都是在国外读的，很认可一些现代的教养理念，比如自由、尊重、平等等亲子关系理念，以及告诉孩子有什么不舒服就说出来等。当我用这些理念养育孩子，会被父母以及身边的一些朋友友善提醒，觉得这样养育孩子忽略了中国传统社会的文化，感觉孩子也有点不太能融入集体，我也很迷茫。是不是自己照搬照套，没有灵活运用？（毛毛妈妈，高校教师）

我们看到父母所面临的养育观的拔河，传统养育观念强调家庭的权威以及孩子的服从，而现代观念则是平等与尊重，尊重孩子的个性，给予孩子足够的空间来自由发展。传统的养育方式自己不认可，更害怕打压孩子的天性，现代的养育方式则怕孩子在本土情境里不懂规矩，不合群。

　　二是理想亲职与实践亲职的差距。关于理想亲职的论述一方面提供给父母们更多的资讯，让养育具备科学依据或权威基础；另一方面又经常让父母感到无所适从，觉得自己永远难以达到理想家长的标准，从而产生自责感。父母在参与孩子的学习和培养自主性、工具理性和价值理性、自由和规矩之间小心翼翼，如何把握其中的度成为父母的痛点。父母必须小心翼翼地在矛盾的论述间维持艰难的平衡。管教太多，担心孩子变得呆板；参与太多，又担心孩子太过依赖；既崇尚全面发展，又要兼顾竞争力的培养。在种种的羁绊下，父母究竟该何时"放手"或"收手"，究竟如何做才是正确的？

> 理想亲职与实践的差距让自己感觉想当好妈妈不容易，有时候要放过自己，比如知道不能吼孩子，还是吼了。一方面知道不能这样，另一方面自己又做不到。要想把孩子带好，自己和老公不断地成长都很重要。当然也需要社会在营造良好养育环境方面，比如教育制度、媒体舆论、经济发展等方面的努力。家庭的经济要有保障，如果经济状况不好，对孩子就更没耐心，就会更在意孩子在某方面的表现，衣食无忧的前提下才能科学养育。教育制度也要有鼓励通过孩子个人努力上好学校的机制，如果上好学校拼的是学区房、社会关系，拼课外补习等，那么孩子的努力就没有意义，这会影响对孩子成长的信心，对孩子的教育就会走偏。媒体在舆论引导方面，尤其社会价值观的取向同样会影响养育，比如，当你看到媒体宣扬的理论和自己的价值观不同时，你就要花时间去扭转，减少对孩子的不良影响。（毛毛妈妈，高校教师）

从上述个案中，我们看到养育所受到的多重影响因素，比如教育制度、媒体舆论、家庭经济状况、夫妻共同成长、社会环境等，并提到科学养育需要以衣食无忧为前提。养育从来都不单纯是父母主观因素的产物，而是受到社会结构的多重限制。

通过媒体的报道，我们看到北上广的孩子上各种名师领衔的特长班和兴趣班，家长带孩子满世界地旅行、陪孩子阅读等，这让我充满了内疚和焦虑。看到身边的人把孩子养得热爱读书、成绩好，也会自责。我自己的工作也很忙，能力有限，没办法像他们那样帮助孩子成长。这会给我带来压力，甚至自我否定。有时候看到孩子做错事就发火，就会吼叫，完了就非常后悔、自责。因为科学养育的知识会告诉我们吼叫损伤孩子的大脑发育，吼叫只是情绪的发泄，对孩子没有任何帮助，反而让孩子学会了用吼叫的方式解决问题，等等。每当这个时候，都会出现养育本能和科学知识之间的冲突，时常为自己不能按照书上讲的养育孩子而自责、内疚。（豆豆妈妈，科研工作者）

"假如你没有花足够'有品质的时间'在孩子身上（虽然孩子宁可花这个时间跟朋友在一起），你会觉得有罪恶感；假如你打小孩，你会觉得有罪恶感；最糟糕的是，假如孩子到头来一事无成、不成才的话，你更觉得有罪恶感。"哈里斯在《教养的迷思——父母的教育方式能否决定孩子的人格发展？》中生动诠释了现代家庭教育领域出现的"养育焦虑"。哈里斯指出，假如没有负罪感，不考虑你的教养方式如何长久地影响你孩子脆弱的心灵，孩子教养对家长来说并不难（哈里斯，2015：435）。理想亲职与实践亲职之间的矛盾加剧了父母的养育焦虑。

第三节　"反向型养育"：文化抵抗与另类实践

"反向型"养育实践在本书中主要指的是义务教育阶段出现的一种小众的、离开主流教育而选择新式教育、以自然成长为理念的一种养育实践。"反向养育"折射出当代人养育观念的悄然嬗变。持"反向型"养育观念的父母对主流密集型养育的教养逻辑持质疑态度，对孩子的教育期待是多元的，更注重孩子的心理健康与全面发展。

本书的案例选自 L 市，L 市创新教育发展较好。同时，新式教育也有自己的圈层，这个类型的案例学校是 L 市 M 教育社区，该学校成立于 2012 年 3 月，主要是为了满足 L 市"旅居者"孩子的上学需求。学校基于 IB 课程①，崇尚快乐学习，注重孩子的情绪和内驱力的培养，注重户外活动。以 M 教育社区为代表的创新型学校犹如一个教育桃花源，吸引着国内大城市的父母带着孩子来这里寻找教育的多样化可能。

一 教育理想的重构：快乐童年与全人发展

在 L 市，比较著名的新式教育是 M 教育社区和 H 学校。这里的教育追求的是"全人教育"，全人教育就是要让教育符合自然的基本现实，是对人的整体教育，包括身体、心灵和精神。全人教育首先倡导价值理性的教育，价值理性是指在反思现代化过程中，将人的主体性和特殊性，放回到重要的位置上。H 学校的教育理念认为，强迫式的学习以及竞争和排名都对儿童的心灵有害无益，该学校推崇的是"慢学"与"自然成长"。所以在 L 市的这所 H 学校小学部，既没有教科书，也没有考试和抄写。小学生的课程内容是大语文、音乐、舞蹈、体育、编织与农作。

把孩子送来这里念书的家长很多都是从其他城市旅居而来的中产家庭，他们通常都有自己的一套教育理念，并且重构了对于"何谓好的教育"的评价体系。有的家长是为了弥补自己的童年缺憾（"一切都是比分数，老师也不关心你"，"我从来就没有自我"），有的则是为了培养孩子另类的竞争力（创造力、自主性、艺术表达和社交能力），也有的是因为孩子不适应传统课堂而"看穿"了主流的教育体制（"不是小孩的问题，而是教育体制无法应对所有的小孩子"）。

这种另类的教育方式需要家庭的全面配合，比如很多父母觉得孩

---

① IB 课程即国际文凭组织（International Baccalaureate Organization，IBO）为全球学生开设的、从幼儿园到大学预科的课程，为 3~19 岁的学生提供智力、情感、个人发展、社会技能等方面的教育，使其获得学习、工作以及生存于世的各项能力。IBO 吸取了世界许多国家的教改内容，推行师生的创造性理念，培养 IB 学生具有多元文化和多学科知识，以培养 21 世纪的通才。

子在学校学不到多少知识，在家就要靠父母的规划去学习体制内的知识。有的父母觉得孩子学习英语、数学等很重要，又要给孩子报兴趣班。这时，"自然母职"便又成为另一种面貌的"密集母职"。另外，为了孩子的教育，有些家庭夫妻两地分居也成为常态，很多妈妈辞去了原来城市的工作"逐教育而居"而成了全职太太，大部分爸爸则继续留在原来的城市赚钱养家，全家团聚的时刻通常只有在节假日和寒暑假。为了成就这种创新教育理念，家庭的性别分工再一次强化了传统的性别脚本，很多妈妈为了孩子的教育成为陪读妈妈。而为了保障孩子在这种新式教育体制中获得进一步发展，例如出国留学，家长们事实上仍然持续进行经济资本和文化资本的累积。

"让教育回归生活、回归人性"是创新教育的一个重要理念，为此，一些家庭选择教育移民。这类父母职业主要包括：画家、作家、纪录片导演等文艺工作者、自由职业者，全职妈妈，经营咖啡馆、客栈等的生意人。因为对主流教育持怀疑态度或者孩子不能适应主流教育而选择来到 L 市，很多家庭都是以妈妈的全职带娃来实现新式教育实践的。

M 教育社区创始人说：

> 希望我们的孩子有感知幸福的能力，现在我们在借鉴 PYP 评价体系①，里面有 10 种能力，拥有这 10 种能力，在哪里都是安乐窝。这 10 种能力是使自己努力成为：探究者、知识渊博的人、思考者、交流者、有原则的人、胸襟开阔的人、富有同情心的人、敢于冒风险的人、全面发展的人、反思者。我认为我们的教育是面向未来的教育。

---

① PYP（Primary Years Programme）是国际文凭组织（IBO）为 3~12 岁学生设计的教育项目，旨在通过全面而深入的教育体验，培养具有国际情怀的终身学习者。

创新教育有很多跨国联结，比如他们的理论体系很多是综合了国外前沿的教育理念及经验，也有很多国外的合作学校。正如创始人所言，创新教育是面向未来的教育，"我们的目的是帮助学生成为一个和谐发展的人、一个个性张扬的人、一个具有自我学习和发展能力的人"。持创新教育理念的父母认为，人的一生有许多比考试成绩更重要的东西。

> 喜欢 L 市的生活方式，自然环境也很好。比较注重自然教育，一直都蛮向往芬兰教育，和大自然很贴近。这个学校很接近芬兰的教育。周五是铁打的户外课，观鸟、爬山、茶园，到古城做物价调查，都是和社会与生活相连接的课程。对孩子分数、学多少知识、培训班没有要求。很看重孩子在一个团体里，集体里，这个集体要团结，要温暖，让孩子从小就感受到什么是爱。很看重孩子从小要有户外活动。户外运动对孩子毅力的培养很重要。在户外的时候孩子间会相互陪伴和帮助，很看重这样的教育。户外突破自己，孩子可以徒步十公里。除了体能的锻炼，意志力也是培养的重要方面。孩子原来在上公立小学，上得很不开心。我们发现体制内教育的一些弊端，比如标准化、整齐划一、学生不能质疑老师的权威等。来到这里，这一切都不存在了，孩子在这种教育环境中很开心。这里的优势：把孩子当平等的人看，平等、尊重、自由，老师和孩子的关系很融洽，不会以权威的方式规训学生。这些对孩子太重要了，比你教多少知识都重要。（豆豆妈妈，全职妈妈）

在国内能够有这样的教育方式，注重自然教育，注重学习与社会生活的连接，注重让孩子成长在一个有温度有情感的共同体里，培养孩子的毅力和意志力，淡化分数、淡化对孩子掌握了多少特长的训练，这成为很多父母选择来 L 市让孩子接受新式教育的理由。

最初是陪着孩子来 L 市参加冬令营，到了就爱上 L 市了，一方面看重 L 市的自然环境和气候，另一方面看重的是人文环境，L 市有来自全国乃至全世界的旅居者所形成的人文环境。孩子今年 8 岁，当时孩子在北京上幼儿园，家住在西城区，小学和初中都是北京拥有最优质的教育资源的学校。在北京，我看着自己同学带孩子的痛苦和挣扎，带孩子上各种补习班，孩子痛苦大人也痛苦，对学校的这种教学是打问号的。在大城市，自己也没得选择，大家都这样，自己只能也这样。原来是想带孩子出国，就是因为教育的问题，本身作为家长自己都受不了，来到 L 市后比较认同这边新式教育的理念就留下来了。（乐乐妈妈，全职妈妈）

家长们极力避免主流教育对孩子造成的负面影响，比如过于注重考试成绩、老师管理严苛、学习方法标准化等。在创新教育模式下，团体教育、户外活动、快乐学习、感受幸福的能力成为核心教育理念，成绩被家长和学校放在了很末端的位置，幸福的童年、内在学习的动力、稳定的情绪成为家长最为关注的话题。

访谈中，家长们也承认没有完美的教育，对创新教育老师的教学成效的意见也颇为保留。比如，一些家长也在担心孩子未来适应主流社会的能力以及竞争能力。孩子们在大自然尽情玩耍、被充分理解和接纳、没有考试成绩和排名，这样的教育方式如何和主流教育衔接，这些孩子的未来在哪里？这也成为被外界质疑的内容。所以一部分（调研发现有 30% 左右）父母选择在孩子三四年级的时候离开创新学校，回归主流教育。

教育不是学很多的知识，读名校，取得高学历。人的幸福需要两根柱子来支撑：一个是外在（知识层面）的，另一个是内在（品德、性格、心理素质）的。外在和内在要相辅相成，两条腿

走路才能走得稳。而当前我们的教育只注重外在（知识层面）的教育，对内心很少关注。（飞飞爸爸，自由职业者）

学校每天下午都有半小时的班会，学生们围绕一个主题进行讨论，通常是两个常规主题：今天谁遇到了什么不开心的事情或者今天谁发现了同学的闪光点。学校创始人周老师熟谙人类学与心理学，他认为"真实"是人得以自处和与他人相处的核心，鼓励孩子表达真实的自我需求和感受。孩子们被鼓励明确表达"我要什么""我不要什么"。

教育的目的应该是人的发展，传统学校被异化了。很多人的理想是考入名校，这不该是人的理想。如果一个人在很早的时候就知道自己能干什么、喜欢干什么，他就获得了幸福的能力。希望自己的孩子一直在新式教育学校学习。对孩子的期待最根本的一条是孩子可以按照自己的想法发展自己。对孩子持开放的态度，孩子知道自己想要什么，父母提供帮助，帮助孩子发展。比如高考这些，国内大学也是无所谓，看孩子。可以申请国外的大学，或者孩子喜欢专业的手艺、烘焙之类的，都可以做的。如果对学术有兴趣，也支持孩子上大学。希望孩子能对世界充满好奇，可以持续终身学习，不把学习作为负担，把学习作为乐趣。（周老师）

在创新教育学校，我们看到父母对孩子期待的多元化，包容多元、尊重多元，父母们认为：能上大学最好，不上也没有关系；有感受幸福和创造幸福的能力最重要。周老师认为，在世界多极化、扁平化、去中心化的时代，养育迫切需要多样化，尊重孩子的差异，实现多样化养育。

传统学校最重视的基础知识学习，被家长认为是创新学校的弱项。但在学校创始人眼里，这不是一个问题：应试能力是可以通过训练提高的，但对小学阶段的孩子来说，建立知识与真实世界的连接是更核心的基础。像许多类似的创新学校一样，也有家庭选择让孩子从该学校退学，除了搬家等客观原因，绝大多数的理由都和对知识能力的焦虑有关。尽管对孩子各方面的成长感到满意，但偶尔，有家长还是会在比较中感到焦虑："为什么公立学校同年级的孩子语数英能力那么强，我家孩子都二三年级了，识字还不全，有些字要用拼音代替，写字也掌握不对笔顺？"关注创新教育的家长会担心："转入公立学校，孩子跟得上吗？""离开相对宽松的创新教育学校环境，孩子会不会很难适应主流教育？""这些孩子以后怎么办？"外界最好奇的问题，是这些孩子的未来：小学阶段结束后，初高中对接怎样的学校？他们还能适应体制内的教育吗？他们能参加高考吗，还是只有出国一条路？创新学校创始人并不担心适应的问题，在他看来，幼儿、童年阶段养成的人格基础已基本定型，在身心健康的基础上，只要具备基础的学习能力、探究热情和处理人际关系的能力，无论孩子置身何种环境，都有能力应对并自我成长。他相信的未来，是人人寻求自我价值实现的未来，是一个软实力比硬知识更重要的未来，往深了说，也是更加宽容、更强调多元和协同的社会形态。

二　养育路径的突围：新式教育实验

在新式教育学校，听到最多的就是"教育社区"的说法，家庭、社会、学校"三位一体"的充分参与。在一个由家庭、学校和社会构成的"三位一体"的社区教育里，我们看到孩子们的行动轨迹以及多元立体的生活、学习模式。这样的教育看似自由成长，然而，却更依赖家长的精心策划与隐形努力。学校每周五都是户外活动，孩子们行走在山水间，与大自然建立链接，感受大自然的灵气，这被认为对培养孩子的身体素质和团队协作、对孩子的成长非常重要。

M教育社区是社区学校，任何教育都不可能孤立存在，家、校、社会是"三位一体"的，我们一直说，养育一个孩子需要一个村庄。所谓的"社会"，现在其实是缺失的，但在 L 市，因为有社区在，还有点像一个村庄，我们说它是一个教育社区。在这个教育社区里，大家有一个大致认同的基本价值观：自由意志、多元共存，即坚定世界的多元，在多元中寻找动态平衡。（周老师）

在这样的教育型社区里，老师和父母们注重多元主体的参与，注重多元意志的共存，坚定世界的多元，倡导在多元平衡中实现对孩子的教育目标。

相对大城市的学校、家、补习班的三点往返、我们孩子的轨迹是：学校、山野户外（山、水、田野、古城）、社区（同学家以及同学家的客栈，农场，咖啡馆及一些社会团体）和家庭。接触到的人、事、物都比较多元，接收的信息也比较多元。（方方妈妈，自媒体工作者）

在这样一个交融型教育社区里，互助养娃成为一个新现象。非洲有一句谚语："It takes a whole village to raise a child。"即养育一个孩子需要一个村庄的力量。L 市有大社区的环境，家长们以班级为单位，班里家长关系比较好的四五家，形成了妈妈互助团。如果有妈妈出差，其他妈妈就帮忙接送孩子；如果有妈妈擅长英语，就会教几个小朋友英语，其他孩子也会参加；一位妈妈也可以带其他孩子一起出去玩，做饼干或者徒步，其他家长都放心。学校每周会有一天的家长活动，比如，有家长擅长芳疗，就去讲芳疗的课。互助养娃，作为传统社会儿童养育的一种方式，在这样的一个教育社区得到复兴，被家长们所认同，这一养育模式为父母们提供了一种相互支持的育儿实践，不管是资源整合还是情感支持，来自五湖四海带着对新式教育向往的"旅居者"在这里有了认同感和归属感。在传统社会，家庭必须依赖家族或者村落生活，儿童教育依靠"亲缘喂养"和"村落共育"。现代核心家庭的女性失去了亲缘和村落支持，需要重新寻求社区、单位、网络等社会支持，这显得尤为重要。

> 我们在做的是一个教育社区：社区需要有共同的目标，共同的价值观。孩子成长不是靠课，或者只靠课，或者说课只是很小的一部分。比如说想让孩子踢足球，技术不重要，孩子周围的环境是有这种氛围的，可以组织社区比赛、亲子比赛，一起看"足球小将"踢球。这样就形成了足球的社区。踢足球的好处有很多，如自信、团队协作等，不是单纯的技术角度的足球。只有有这个完整的氛围，踢足球才能起这样的作用。还有一个我理解的就是资源的问题。在寻找资源组合的方式。家长代表的是社会，社区代表的是社会，外面的资源怎么和家长对接，以合适的方式合作。创新学校的教育不在于家长的时间、资源、受教育程度，而在于文化资本。要把社会的多元性呈现给孩子。（伟伟老师）

在 M 学校，父母们来自五湖四海、各行各业，其中不乏非常有趣有料的人物，家庭间互动频繁，生活交集度高，交流也频繁，更难得的是，爸爸们参与养育比例很高。他们互相交换信息、合作养育、形成不同的兴趣小组，社区家长提供的课外资源丰富，孩子们的认知视野格局得以极大地拓展。这样的社会资本帮助他们重建了情感共同体，这样的教育社区不但为孩子提供了学习共同体和成长共同体，也使父母们建立了情感联结，得到了社会支持。

访谈中有位爸爸，是位纪录片导演和旅行家，常年在国外旅行，还将孩子的旅程拍成了纪录片。父母希望通过"行万里路"培养子女更为开阔的视野。有父母认为，相对于国内旅游，境外游不仅能够拓宽视野，还能够锻炼孩子的语言能力、国际交往能力以及对陌生环境的适应能力。

我认识的朋友里有在一两年的时间里让孩子读完了 L 市创新教育所有的学堂。有的家长有择校焦虑、择师焦虑，为了让孩子接受好的教育，"孟母三迁"。好不容易逃开了城市的竞争，又跑来新式教育的圈子"开卷"。忧虑，担心孩子的成长不够健全、孩子学不到知识、同学们不好相处、学校环境不行、食堂伙食不行，一次又一次一遍又一遍，换了再换，孩子还来不及适应、学不会融入，就要面临新的环境，没有哪一所学校是完美的。（安好爸爸，自媒体工作者）

上述案例让我们看到在追求理想教育的过程中，父母们所面临的不安与焦虑，这种理想化的教育模式在本土实践中常遭遇制度性排斥，导致家长陷入理想与现实的撕裂。家长为逃离教育压力而选择"教育旅居"，本质上是通过空间流动重构教育场域，然后，这种空间的流动并未真正消解教育竞争。

三　价值理性的聚焦：沟通与陪伴

"反向型"实践的父母持有"价值理性"的养育理念。认为教育的目的是让孩子成为幸福的人。在这样的价值取向下，父母把孩子作为独立的个体，注重有效陪伴与平等沟通，注重给孩子一个幸福的童年。普遍持有"幸福的童年疗愈一生"的观点。父母比较重视亲子沟通和有效陪伴，这一类型家庭少有举家迁移的，多数是爸爸留在原来的城市赚钱养家，妈妈陪孩子"逐教育而居"，成为"陪读妈妈"。

　　我们受新式教育的启发，很注重孩子情绪的识别和管理。孩子在二年级时，学校就开始上情绪课程，孩子们能够很清楚地辨识到自己或者他人的情绪产生以及情绪的转化是怎么来的。比如，孩子情绪不好的时候，会主动跟我说今天不开心，是因为什么，

然后我们一起聊一聊，一起寻找解决办法，或者仅仅是聊聊天，
情绪也能平复。我也积极在帮助孩子寻找情绪的出口，比如，运
动、游戏以及主动求助，因为一个人只要情绪有出口，在他伤心
难过受到打击和压力的时候，他就可以疏导出去，不至于被打垮
而抑郁。（军军妈妈，自由职业者）

对孩子情绪、情感的关注成为亲子关系的主要特征。正如军军妈
妈所说："现在体制内那么多孩子厌学、网瘾、抑郁，我们是把这些
工作做在前面，从小关注孩子的心理健康，基础打好了，孩子未来才
能走得更远。""反向型"实践的父母，并不是"佛系"或者放任孩子
自然成长，而是以做好生命底色的教育理念在为了孩子"未来走得更
远"而准备，这种从生命底色出发的教育实践对父母的经济资本和文
化资本提出了更高的要求。正如妞妞爸爸所说：

　　新教育既要快乐，又要身心健康。其实是很难的，就像主观
题一样，是考量父母的综合能力。

　　我前几天刚和洛杉矶的一位朋友聊起孩子的教育，我总结了
几个他的教育金句，和你分享一下：一是孩子玩得一定有道理，
只是大人不懂；二是会玩就是会赚钱，未来的经济就在玩儿和享
乐上；三是能玩出花样就是成功；四是父母需要扩展知识的宽度
以跟随孩子前进的脚步；五是无论孩子热爱什么都要支持，关键
点在于引导。（沫沫妈妈，心理咨询师）

这类父母拥有全球的眼光，能够看到教育领域的新理念和风向标，
让每个孩子都能成为焕发勃勃生机的个体，去发现和尊重孩子的爱好
和独特性，给予适度的引导和有力支持，接纳孩子的真实情绪，父母
积极提升自我以跟上孩子的步伐。这成为父母们的核心教养理念。在

这里，我们看到的是与传统养育方式和亲子关系的不同，父母们正以一种不同于主流的养育实践在养育下一代。

在兴趣班的选择方面，这类父母谨慎规划。第一，尊重孩子的意愿，考虑孩子是否喜欢，因此父母会和孩子商量。第二，能否有助于孩子文化资本的提升。比如，他们认为，学钢琴，它比较成系统成体系，这样学下来的话，收获比较大，且对培养孩子的文化鉴赏力有很大帮助，也会让孩子在弹钢琴中体验到愉悦感。第三，注重未来导向，比如注重英语学习。他们中的很多人认为："以后孩子大概率是要出国的，从小学好英语很重要。"第四，通过兴趣班拓展社会网络，建立社会资本。通过参加夏令营以及其他成长类兴趣班，家长之间建立社会网络，分享信息。父母会根据孩子的兴趣爱好给孩子报两到三个的兴趣班，如马术、网球、美术、钢琴等课程。

> 我们孩子只上半天新式教育课程（上午在学校上文化课，学习语文、数学），下午我在家陪着孩子上美国同年级的在线教学和兴趣班。我特别注重孩子的睡眠，睡眠对孩子的情绪、心理健康都非常重要。孩子晚上八点上床，九点睡觉。其间，孩子自主阅读半小时，然后我们再聊会天，孩子会讲今天在学校的事，也会聊社会热点事件，我会和孩子讲我的看法，这个时间是我们每天最重要的时刻。（沐沐妈妈，心理咨询师）

沐沐妈妈将孩子的教育分割为"上午体制内课程+下午美国在线课程+兴趣班"，体现了对效率最大化的追求。这种安排旨在通过整合各类最优资源积累全球化文化资本，又有严格的时间管理，反映了具备丰厚文化资本和经济资本的中产家庭试图通过"教育组合拳"应对教育的策略，以实现对孩子最优化培养目标，从而在体制内外双重赛道中占据优势。

　　孩子在上小学前没有上幼小衔接，进了小学之后发现班上同学很多都上了幼小衔接，我家孩子就跟不上老师的进度，我就陪着孩子上辅导班，有时候晚上 10 点还在学习。孩子厌学我抑郁，亲子冲突时有发生。来到这里，孩子自己能独立做作业。每天都能尽情玩，自由玩耍，周五大户外，一整天都在玩。亲子关系好了很多。（天天妈妈，全职妈妈）

　　对生活的热爱和对世界的好奇心是在亲子互动中不断养成的。学校的户外活动时间很多，每天下午有四十分钟的运动时间，可以自由玩飞盘、玩沙等，这些活动家长都是可以参加的，我们经常陪孩子一起在学校里玩。每周日组织家长带孩子去户外活动，或者骑行，或者爬山等。对孩子的提问会很认真地对待，比如在孩子问为什么时，和孩子一起寻找答案，鼓励孩子多探索。在 M 教育社区一年多，课程有很多和生活相关的内容，比如带孩子去菜市场买菜，一起做饭。有次主题课是颜色，我们和孩子一起去菜市场买各种颜色的菜，回来做各种颜色的馒头，这里的学习是与真实生活有链接的。很多家庭希望孩子在小学低阶段过比较轻松的时间，打一个好的底子，然后在四年级回到体制内。好的童年对孩子的未来非常重要。（周老师）

　　旅居 L 市后，对学业成绩关注的减少而使亲子关系显著改善成为很多家庭亲子关系的表征。创新教育学校的课程设计（买菜、做饭、户外活动）强调生活化学习，试图以价值理性（培养好奇心、实践能力）替代工具理性（分数至上），这种模式呼应了"生活即教育"理念，在短期内得到了家长和孩子的认可。然而，家长"轻松的童年可以为孩子的一生打好底色""四年级回归体制"的想法也揭示了理想与现实的断裂，即便认同创新教育理念，家长仍准备向体制教育回归，说明了新教育作为一种理想型的教育形态在现实中的困境。

马克斯·韦伯（1997：56）提出了现代社会理性化的概念，认为社会发展有两种理性——工具理性和价值理性。工具理性指人们在行动的时候，只关注功利的目的、效率和收益，而漠视人本身的精神机制，具体到养育方面，就是对孩子的教养是基于功利的现实，比拼才艺，争名次，上名校。价值理性指将人的主体性和特殊性放回到重要的位置，具体到养育方面，指的是养育行为本身所代表的价值。在 M 教育社区，我们看到了价值理性与工具理性的张力。一方面，父母在价值理性的养育观下，呈现了自由宽松的养育实践，注重自由玩耍，注重亲子间的沟通与协商，培养孩子对生活的热爱和对世界的好奇心，关注孩子的情绪和情感，允许孩子"野蛮生长"，呈现了一种良好的亲子关系。另一方面，部分家长似乎更重视孩子的价值理性，但其行动又受工具理性驱动，这种矛盾折射出中产家庭教育实践的异化，即便选择了新教育，仍无法摆脱优绩主义的竞争逻辑。

四　代际互动的悖论：密集母职与理想化困境

在 M 教育社区，有大量为了孩子的教育而放弃工作陪孩子接受新教育的妈妈。访谈中，笔者遇到一个四年级的小女孩沫沫，她在妈妈的帮助下上午去创新学校上学，下午在家上网课。沫沫已经可以读英文原版的文学著作，比如《赛珍珠》、用英语口语分析人物性格等。

对于妈妈们来说，辞去工作做全职妈妈的选择是很艰难的。在这个过程中，她们需要不停地捍卫和辩解，需要承受家人和身边人的不解和惋惜，甚至承受来自社会的不被认可和无价值感，需要承受自我的无意义感。

> 我在孩子五岁的时候因为孩子哮喘发作进行急救而下决心来到 L 市。为了孩子的身体健康，从成都来到 L 市生活，主要是因为 L 市的气候有利于孩子的呼吸道健康。我之前是做心理咨询的，无奈就放弃了正处于上升期的事业，专注孩子的教育和身体调理。

现在孩子 10 岁，身体调理得很好就回到了成都。我老公是做企业的，前几天说整个大环境不好，需要流动资金，想把现在住的房子抵押出去贷款 200 万元，我说不行，这是唯一的住房，抵押出去就没了安全感。老公姐姐说这么多年我没有工作，家里全靠男人养着，我父母在旁边也不说话，大概他们也认同这种观点。我当时就很难受，我是被动放弃事业，为了孩子的健康。我自己都牺牲成这样了，还说我不支持老公。没人看到我作为全职妈妈的付出，世人对人的评价都是挣钱，就像对孩子的评价是分数一样。所有人都看不到自己事业如日中天时的被迫中断。放弃事业的最后的结果是别人觉得我没有价值，我没有赚钱，靠老公养着，我非常委屈，也很愤怒。好多次在深夜，刷到那些职业成功女性的视频，我都会崩溃大哭，上次看到一个成功女性的演讲，就会很羡慕这样的人生。我觉得国内女性的困境主要是社会支持系统严重不足。（沫沫妈妈，心理咨询师）

案例中沫沫妈妈因孩子健康问题选择放弃事业异地陪读，这是女性在传统性别角色期待下在自身职业发展与母职履行之间的二选一，沫沫妈妈的"自我放弃"是母职对女性主体性的侵蚀。沫沫妈妈的经历是一个典型的反映"母职惩罚"的案例：因育儿退出职场后，其心理咨询事业中断，经济贡献被贬低（"靠男人养着"），而家务与养育劳动被视为无偿劳动而"理所当然"。以货币化衡量一个人在家庭中的价值，忽视养育过程中的情感劳动和照护劳动，导致全职妈妈陷入自我价值剥夺、自我效能感较低的困境。沫沫妈妈批判的"社会支持系统不足"，指向公共养育服务的匮乏与家庭支持政策的不足，致使家庭中通常是母亲来承担养育成本。沫沫妈妈对职业成功女性的羡慕，一方面源于对自己职业发展中断的不得已与不舍，另一方面源于社会对"成功"（经济成就、职业声望）作为衡量一个人的主要评价标准的不满。这都更加剧了职业女性的职业发展与母职价值的冲突。在当前的社会背景下，全职妈妈的付出被纳入私人领域而失去公共可见性，不仅加剧了女性的低自我价值，也再生产了"母职＝牺牲"的失落叙事，导致了母职焦虑与养育倦怠。

进行"反向型"实践的父母认为"幸福教育"最重要，幸福教育指孩子有理解幸福和感受幸福的能力。这类父母认为，父母最大限度地尊重孩子、信任孩子，给孩子一个自由生长的空间，让孩子去做自己喜欢的事，敢于冒险、敢于探索、敢于进入各个不同的领域。对孩子未来的期待是多元的，未来能上大学最好，如果不能，也没关系。选择创新教育的父母是在教育焦虑的漩涡中选择了一条少有人走的路，这不仅需要更大的勇气，也需要更大的智慧，且需要充足的经济资本和文化资本，属于中产家庭中一种小众的教育选择，也意味着面对更多的不确定性。

小　结

本书将中产家庭的养育实践划分为三种类型，并不意味着父母们的养育实践只有这三种类型或者是界限分明的三个群体，只是基于分析需要，描述三种养育实践的类型（见表3-1）。大部分父母同时具备"密集型"和"反思型"养育的特征，而"反向型"父母也随时准备着向"反思型"过渡。本书认同相关学者的观点，即认为父母的教养方式并没有"好"与"坏"之分，其行为都是基于关心子女以及帮助子女实现未来美好生活这一目标之下所选择的不同教养策略。

表 3-1　中产家庭的三种养育实践模型

实践类型	教育期望	亲子关系	教育参与
密集型	名校教育 全才教育 成功人生	权威 协商	全面、深度参与

实践类型	教育期望	亲子关系	教育参与
反思型	上大学 全人教育 安稳人生	平等 民主	引导而非掌舵
反向型	感知幸福 终身学习 幸福人生	有效陪伴 平等沟通	交融社区 合作养育

进行"密集型"实践的中产家庭父母预期未来社会竞争会更激烈，他们以培养孩子在竞争性的环境中生存并能够过上更好生活的期待履行养育责任。以名校为目标，认同主流密集型养育的话语叙事。这些父母通常有海外留学背景或者工作经历，以培养"国际化"人才为目标，以"精英式"的理念对孩子进行全面培养，为孩子选择最好的学校，充分发挥自己的学习经验和职场经验，以"权威型"的父母角色全面参与孩子的学习，以丰富、密集的课外兴趣班全面培养孩子。

进行"反思型"实践的父母坚持"引导而非掌舵"的原则，期待让孩子尽可能具备未来成功的能力，在对"究竟什么是好的教育"的追寻和主流教养实践的反思中，对当下主流养育实践有较多的反思，希望孩子能够全面发展并且在未来能有安稳的人生。他们更多是从未来的社会是什么样子的、什么样的教育是遵循孩子生长发育规律的方向出发进行养育，在竞争性的养育氛围中有过卷入、有过迷茫，不断在矛盾张力中寻求平衡。此类父母更倾向于将职场经验所积累的文化资本、专业技能转化为教养文化资源，帮助他们与孩子良好沟通，以培养孩子的认知逻辑、独立思考、语言表达，以及时间和金钱管理能力等，进行"反思型"实践的中产家庭父母在养育实践中有"摇摆不定"的心态，处于一种两面夹击的困境：一方面，期待孩子能在应试教育体制中胜出；另一方面，希望孩子能有一个快乐的童年，充满创造力和自主性，父母们不断在这种张力中寻求自身的实践基础。

进行"反向型"实践的父母的养育实践不再全然符合阶级再生产

的逻辑，父母并非以培养孩子的竞争力为首要目标，希望孩子能有快乐童年与身心健康发展。这类父母具备一定的经济资本和文化资本，为孩子以后出国留学做好了准备，也具备承担创新教育带来的收益与可能的风险的能力。他们具备一定的文化资本，用科学的理念助力孩子成长。这类父母认同自然教育的理念，不愿意被身边焦虑的养育氛围所裹挟，厌倦了大城市快节奏的生活，就带着孩子迁移到二线、三线城市。虽然父母们也承认没有理想的教育，但尝试共同营造一种接近理想中的教育的环境，注重培养孩子感知幸福的能力和终身学习的动力，认为孩子的未来有多种可能，鼓励孩子成为自己。注重对孩子的陪伴、情感投入和平等沟通，在由家庭、学校和社区共同构筑的交融型教育社区里致力于给孩子打造幸福的童年。

不同的养育实践传递不同的文化资本，中产家庭的父母不仅通过经济资本为孩子择校和选择优质校外培训，实现社会经济地位的传递，而且通过文化资本实现对孩子的教育参与。同时，通过亲子互动中的认知资本影响子女的价值取向和社会态度，从而提升子女的认知能力。

中产家庭在教养孩子的文化逻辑上并没有太大差别，都希望孩子能有幸福美满的人生，几乎所有的中产家庭都为了子女的教育不遗余力。但在实践中呈现不同的养育模式，不同的实践行为都各有所长，也各有所短。每种养育实践都为家长和孩子提供了一定的优势，也带来了负担。"密集型"实践下，孩子们的天赋和才能得到了较大限度的发挥，但孩子失去了自由玩耍的时间，以母亲和孩子的疲惫不堪为代价。"反思型"实践下，家长重视对孩子认知能力和非认知能力的培育，孩子们在学习和自由玩耍之间得到了相对的平衡，这样的养育实践，使父母经常处于教养理念和现实的矛盾张力之中。"反向型"实践下，孩子们实现了自然教育与快乐成长，却面临难以融入主流教育、未来充满不确定性以及家庭的分离和母亲职业的中断代价。同时，每种类型的教养实践都呈现动态性，父母会根据教育政策的调整、父母自身职业发展、生活境遇的改变等不断调整养育方式。

　　中产家庭的养育实践是其利用相对优势资本应对教育竞争与避免阶层滑落的策略，核心是"密集母职"与"精心栽培"。其特征表现为高度的资源投入（时间、金钱、情感）、精细的规划运作、对孩子教育的深度介入以及对孩子全面能力培养的执着追求。这种模式虽然旨在为孩子积累竞争优势，但也给家庭（尤其是母亲）带来巨大压力，并在无形中强化了父母的教育焦虑。这种看似"科学"和"优越"的教养实践，其背后同样是深深的焦虑与无奈。

第四章

工薪家庭的养育模式与实践困境

工薪家庭的儿童养育是在资源有限性与高教育期待博弈下的策略性实践，父母对子女通过教育实现向上流动持矛盾态度。这部分案例主要来自 X 中学和 Y 社区。根据养育期望、教育参与和亲子关系的不同，本章将工薪家庭的养育实践分为"依循型"、"摇摆型"和"无力型"。

第一节　"依循型养育"：跟随模仿与向上流动

"依循型"养育实践父母更多受到城市中产家庭主流养育实践的影响，"看别人都是这样'卷'孩子的"成为这类父母的叙事逻辑。这类父母的职业多为民营企业员工、社区工作人员、厂矿中层管理者等。"依循型"养育实践父母期望孩子不再跟自己一样受苦，期望孩子上大学，未来能从事白领职业。在孩子的教育参与中，这类父母受限于自己的文化资本，主要依赖课外培训班提升孩子成绩。有很多母亲为了孩子的教育选择全职。

一　教育期待的中产化：文凭竞争与职业跃迁

虽然教育期望并不会对一个人未来的发展和成就产生决定性的影

响，但它被证明是有效且稳定地预测教育获得以及地位获得的指标。教育期望的差异在一定程度上可以反映教育获得的差异（吴愈晓、黄超，2016）。当被问到"您希望孩子读书读到什么程度"时，多数家长期望孩子读到本科及以上，认为这样的学历才能找到好工作。

> 我希望孩子至少读个好大学，最好能上个研究生。现在的就业市场，高学历肯定要好找工作，我们肯定是全力支持孩子上大学，能上多高上多高。我们都吃了没文化的苦，不能让孩子再重复这样的老路。我们普通人家的孩子，读书是唯一的出路。（可可爸爸，职员）

> 我希望孩子以后能做教师、医生、工程师、公司白领这一类工作，这类工作不用风吹日晒，收入稳定、社会地位高。我是全职在家带孩子的，从生了孩子就全职在家了，陪伴孩子的成长。我是在牺牲自己成就孩子，希望我女儿不要重复我的人生，希望她能通过上好大学找到好工作，实现自己的理想，过上有意义的生活。（安安妈妈，全职妈妈）

"不要重复我的人生"成为工薪家庭父母对子女的教育期待，这样的期待是在和身边中产家庭的亲戚或朋友的生活对比中生发的。父母把中产家庭的生活模式视为理想生活投射在孩子身上，模仿中产家庭的养育方式，为孩子的教育倾尽全力。

> 我常常跟孩子讲，爸爸妈妈都是在小企业工作，风里来雨里去，收入低、不稳定、没地位。你看看你大伯，当着公务员，坐在办公室，用电脑工作，受人尊重、收入稳定、有社会地位。爸爸妈妈就是因为没好好读书，吃了一辈子不读书的苦，吃读书的苦，才能不吃生活的苦，好好读书，以后有一份像你大伯一样的

工作，我们就放心了。（糖糖妈妈，民营企业工作人员）

家长对孩子的教育期待反映了他们所能感知的社会现状。他们认为，好的生活主要包括两点。一是上大学。高等教育成为各阶层父母追求的理想教育，也是找到好工作的前置条件。二是好工作。父母重视教育的主要目的是希望孩子能通过高等教育从事白领职业，从而过上好生活，有一个好的未来。为了实现这样的养育目标，父母竭尽所能参与孩子的教育，很多妈妈为了孩子的教育选择全职在家，专注于陪伴孩子的学习和生活照顾。

二　教养策略的标准化：校外培训依赖与成绩提升

无论是在中产家庭还是在工薪家庭中，我们都能看到妈妈们在孩子教育上的"甘愿"牺牲。这类父母对中产家庭主流的密集型教养实践怀着仰慕的心理，认为自己"眼界有局限""能力有限"，只能根据身边的观察和听别人讲，来模仿中产家庭的养育实践。

在能力培养方面，工薪家庭与中产家庭有显著的差异。中产家庭重视孩子综合素质的培养，工薪家庭更重视孩子的学习成绩。尤其是在课外投入上，中产家庭父母在资金投入上有显著优势，且在运动类、才艺类方面投入较多，而工薪家庭的资金投入主要集中在课外培训班上，以提升学业成绩。父母辅导学习主要是督促和检查作业，对于学习上的难题，基本上是无能为力的。如果父母希望帮助子女在课余时间提升学习成绩，只能求助于各类培训机构。

在城市工薪家庭中，很多妈妈为了孩子的教育，在幼儿园和小学阶段成为"陪读妈妈"。父母之间的养育分工更倾向于遵循传统的性别角色，父亲主要负责赚钱养家，孩子的日常照顾、陪写作业、课外培训班和兴趣班安排等主要落在母亲的肩上。

我女儿今年上六年级，周末两天都奔波于各种辅导班之间，因为老师暗示孩子得补课才能适应小升初，孩子的同学也都在补课。周一到周五孩子每天做作业到夜里一点左右，我自己每天都是凌晨两三点才能睡觉。周六周日孩子也是被辅导班和作业填满了。周六早上我六点多就要起床做早餐，八点赶到辅导班上课，上课结束了要改错等。中午只有 20 分钟吃饭时间，匆匆吃两口饭马上要赶去下一个辅导班，晚上八九点回家。周日上午也是一样的时间安排，下午是做学校的作业。孩子很累，我更累。（糖果妈妈，社区工作者）

周末密集的时间安排、在各种培训班之间来回奔波、劳累疲惫的母女，我们看到工薪家庭对孩子成绩的高度重视，相信成绩是帮助下一代脱离做工生涯的有效途径成为她们坚持下去的动力。

我女儿今年 12 岁，明年小升初，现在小升初衔接的课主要在课外培训班上，家长和孩子压力都好大。现在有的公立学校教育资源太差，孩子必须得出去补课。未来基层劳动者会被机器人替代，孩子只能成为高层次人才才能适应社会。周末带孩子上各种培训班，我们周末两天的时间是这样安排的。周六上三个科目（的课），每个科目两个小时，周六早上八点上课，我需要六点起床，给孩子做好早餐、喊孩子起床，然后路上骑电动车 40 分钟；中午半小时吃饭时间，下午五点半上完课。周日上午和周六一样的安排，周日下午没有课，但孩子要完成学校和培训班的作业，我和孩子都没有休息的时间。现在小升初有两种路径。第一是划片，因为对口的初中很一般，我们不考虑对口初中。第二是择校，择校的话一种是摇号，这个要看运气；另一种是自主招生，学校会看孩子的学习手册，小升初的成绩很重要。孩子之间会攀比，老师也会给孩子施加压力。（李子妈妈，企业员工）

工薪家庭将教育视为下一代摆脱基层工作的唯一途径，反映了工薪家庭对向上社会流动的担忧。在智能时代，家长试图通过密集补课为孩子积累文化资本，实现阶层跨越。同时，对口初中质量差、自主招生依赖成绩、未来就业的不确定性等，使家长将课外培训视为"必需品"而非"可选项"。案例中家长提到"有的公立学校教育资源太差"折射出教育资源配置存在不均衡的问题，这使工薪家庭通过经济投入弥补教育资源不足，形成"校内不足校外补"的失衡模式。同时，补课行为受到社会比较的驱动，同学们都在补课，形成了竞争性模仿；家长们也基于对升学形势的判断，不敢有丝毫懈怠。在这些案例中，我们看到母亲承担了教育劳动的主要责任，包括选择培训学校、接送孩子、监督孩子做作业等。她们在职场和家庭之间疲于奔命，在履行密集母职的过程中产生了养育倦怠。

工薪家庭极力去分析未来社会的发展趋势，从而调整孩子的教育安排；用紧凑的课外培训班来提升学业成绩，成为她们唯一可以掌控的因素；了解教育政策，以便在孩子升学择校的时候能够处于有利位置；依循所处教育场域中其他家长的做法，相互之间形成一种你追我赶、相互竞争的教育模式与节奏。学习与成绩是亲子之间主要的话题，也是家庭氛围的主要风向标。

三 代际关系的动态性：分数为主与身心健康

在高度重视孩子成绩的同时，工薪家庭父母对身边不断出现的儿童心理健康案例感到焦虑，担心只重视成绩可能引发孩子心理危机，这促使他们通过不断调整自己的养育方式防止孩子出现心理健康问题。

> 我的教育理念是，学习是孩子自己的事，我不会硬逼孩子学习。我的文化水平不高，也指导不了孩子，我不喜欢用压迫的方式勉强孩子去做一些她不想做的事，觉得这样是对孩子心灵的摧残。我平时主要就是多和孩子沟通，让她聊一聊学校的事、她的

心情。我在孩子小时候经常读书给她听，培养她的阅读习惯，只能做到这些了。（涵涵妈妈，全职妈妈）

案例中涵涵妈妈有两个女儿，大女儿如愿考入著名高等学府。虽然涵涵妈妈学历不高，但她为了两个女儿的教育也是倾尽全力。给孩子读书、多和孩子沟通、关注孩子的情绪是她总结出的养育经验，她认为自己文化水平不高，不能从学业上指导孩子，和身边能提供充足文化资本的妈妈们不同，她以提供情绪价值替代文化资本的匮乏。

现在孩子的心理问题太多了，我生了孩子后全职在家，就他爸爸一个人赚钱，虽然生活拮据一些，但我还是想亲力亲为，自己把孩子带大才放心。我买了一些养育孩子的书来看，孩子小的时候给孩子读书，请孩子的小伙伴来家里玩，经常和孩子聊天，问他学习、交友情况，也经常和老师沟通，了解孩子在学校的情况。我为了孩子的健康成长和教育放弃了自己的工作，我觉得是值得的，毕竟只有一个孩子，错过了就再没有机会弥补。我的人生价值就是培养出一个优秀的孩子。（强强妈妈，全职妈妈）

以上两个案例，让我们看到了工薪家庭在成绩与心理健康之间的权衡。妈妈们既希望孩子成绩好，又担心孩子出现心理健康问题，体现了工薪家庭对教育作为社会流动方式的高度依赖与矛盾心理。同时，我们也看到工薪家庭应对文化资本和经济资本有限情境的策略——转而提供情绪价值。其试图以情感资本代替文化资本，以母亲的自我牺牲实现"理想养育"，工薪家庭在资本限制下的行动策略。

第二节　"摇摆型养育"：依循传统与策略失当

这类父母的突出特征是缺乏一套笃定的养育观念，或者自认为没有能力管教孩子，不知道怎么做才是正确的。这类父母的职业多为民营企业员工、工厂工人、物业管理人员、店员等。"摇摆型"养育实践父母主要包括两类：一类是曾经受身边家长的影响，高度参与孩子的教育，报各种辅导班，后来发现孩子越管越叛逆，或者发现管了没效果，就被迫放弃了；另一类是养育状态不稳定，看到别人"卷"了自己也马上"卷"，过一段时间又"躺平"了，时紧时松，养育观和养育实践处在摇摆不定的状态。

一 教育目标的折中性：基本生存与规训伦理

在教育期望上，这一类型的家长表示"能达到基本学业目标，能养活自己就行"；在能力培养上，他们注重成绩却无力指导，"不知道怎么教孩子"。他们虽然关注孩子的成绩，但并不期待孩子出类拔萃、名次领先，只要求孩子成绩及格不垫底。"不知道孩子未来的出路在哪里"成为这一类型父母的主要困惑。

> 孩子养得好了上缴国家，养得不好还得啃老。孩子在学校学的以后到社会上能用上的很少，高职的配套就业也没有跟上，担心孩子的出路。教育越来越"卷"，为了孩子的教育操碎了心。不补课跟不上，学校教学一带而过。孩子小的时候担心他的健康，大了担心他的教育问题。我们"80后"这一代还有个快乐的童年，现在的孩子已经没有童年了。我以前也和身边人一样"卷"过，然后孩子各种叛逆不听话，我自己也经常失眠，后来去医院确诊了抑郁症，就放弃卷孩子了，让孩子根据自己的爱好自然发展。（果果妈妈，社区工作者）

访谈中，这类父母的焦虑溢于言表，"不知道孩子未来的出路在哪里""不知道怎么做才是对的""孩子养得好就上缴国家，养不好就承欢膝下"成为父母的教养脚本。他们曾经和身边的人一样内卷，不管是发现内卷没用还是担心孩子身心健康出现问题，抑或是自身难以承受内卷之重，他们被迫调整了养育策略。在养育理念方面，工薪家庭受网络养育文化影响较大，更容易受到外界的影响，缺乏一套笃定的养育观念。很多父母将网络流行语作为自己的养育理念，并以身边人的养育行为为参照，在模仿和依循中踌躇前行。

> 我女儿小学之前，我觉得她特别聪明、特别懂事，老公常说要相信女儿，女儿长大了是要成为大领导的人。女儿从两岁多开始上早教班，一周上一次，一年两三万学费。除了早教，我们能学的都带孩子去尝试，觉得孩子来之不易（怀孕过程非常艰难），以前对孩子期望很高，想着一定要把孩子培养成什么样的人。孩子上小学的时候，我们也盯着最好的小学，但最后没上成，上了一所普通小学。上了小学之后，孩子出现课堂纪律差、学习跟不上等问题，考试也经常是 B、C，老师建议带去看医生，最后确诊的是感统失调。自从知道孩子生病后，我们的教养方式全部改变，以前会打骂、指责孩子，教养方式简单粗暴，现在知道孩子不能控制自己，就开始理解孩子。我开始学心理学，学会了和孩子共情，从以前的"鸡娃"到现在的"摆烂"，对孩子的教育顺其自然了，只要孩子健康就好，孩子长大了有出息就上缴国家，没出息就承欢膝下，只要身心健康，做个平凡的人也是一种幸福。（然然妈妈，职员）

访谈中，然然妈妈从开始的"鸡娃"到后来的"摆烂"，是无可奈何之后的放弃，更充满了对养育孩子的不自信。从这段访谈中，我们也能看到，城市工薪家庭由于缺乏足够的认知更容易陷入资本和消费社会制造的所谓"赢在起跑线上"的惶恐中，生怕自己做得不对、做得不好，影响了孩子的成长。然然妈妈对女儿早期的高期望和教育投资反映了社会中存在的教育焦虑。这种教育和社会的竞争压力与对未来不确定性的担忧有关。同时，然然妈妈发现女儿感统失调后，养育观念发生了显著的变化，从"鸡娃"到"摆烂"，这体现了家庭养育策略的转变。当"鸡娃"导致孩子出现身心健康问题时，家长被迫重新制定目标，将健康置于成功之上。

> 现在打开视频，到处都是养育孩子的专家，我们也没有筛选鉴别能力，不知道哪个专家说得对，养孩子真是越来越难。孩子小时候面临经济压力，大一点面临教育压力。（可可妈妈，社区工作者）

工薪家庭的父母受网络文化影响较大，刷短视频成为他们主要的信息获取方式。网络看似提供了海量养育知识，但工薪家庭因缺乏足够的文化资本去甄别和筛选，难以辨别有效信息，反而陷入"信息沼泽"。养育专家的矛盾建议（如"鸡娃"和"佛系"）加剧认知失调，导致父母在"何为正确的教育"的焦虑中摇摆不定。

二　养育实践的矛盾性：参与无力和非理性退出

访谈中问及"养育孩子面临的最大困难是什么"，很多家长表示最大的困难是不懂孩子，不知道怎么跟孩子沟通，不知道自己做得对不对。这也反映出工薪家庭父母在科学养育与密集母职的主流话语下的迷茫与无所适从。

> 孩子每天放学都要我们盯着做作业，一会儿不盯就乱做。身边的妈妈们经常交流经验，说孩子学习都得靠家长盯着，老师也让家长坐在旁边盯着孩子做作业。孩子"幼升小"的暑假，我在家盯着孩子做数学计算题、学拼音，每天都要学习两三个小时，后来上了一年级，确实学习都在前列。但从三年级开始，不盯就不会自己学习，后来学习主动性越来越差，就给她找培训班，各

种培训班都试过了，周末班、寒暑假班会给孩子提前学下一个学期的知识，可是孩子的学习成绩还是不好，我现在都放弃孩子的学习了，顺其自然吧。（果果妈妈，店员）

这个案例让我们看到父母对何为正确的养育方式、如何正确地陪伴孩子成长迫切需要得到一个确定性的答案。工薪家庭父母存在迷茫和焦虑的情绪，使他们更容易被网络养育文化影响、被身边人裹挟。养育竞争对父母特别是母亲造成了压力与困扰，引发了母亲的心理健康问题。这考验着家长在尊重孩子天性与塑造孩子韧性之间的平衡能力。

已有研究显示，参加课外补习可能会导致青少年抑郁等负面情绪的增加（转引自张骞、高雅仪，2022）。工薪家庭父母将相对有限的经济资本投入孩子的课外补习中，同时期望得到立竿见影的学业成绩回报。当子女因为补习受到负面情绪困扰时，工薪家庭父母受制于自身有限的文化资本和沟通能力，无法及时觉察孩子情绪的变化并进行有效的沟通、引导和回应，这导致家长和孩子因补习引发负面情绪而陷入关系紧张状态。

现在孩子的教育太让人焦虑了，学校要求家长参与太多。孩子有问题也是找家长，PPT 课件要家长做，批改作业要家长批，我们文化程度低，管不了孩子学习，批改作业只能在软件上购买服务。孩子作业质量不高还得向老师承认错误。现在的教育政策特别是小升初政策多变，家长都很茫然。（然然妈妈，职员）

对于文化程度较低的工薪家庭而言，家校共育的困境是她们感慨"为人母难"的主要原因。家校共育模式主要是从优质学校与中产家庭的"合作"开始的。一方面，优质学校积极鼓励家长参与学校教育，并鼓励家长资源进课堂；另一方面，城市中产家庭的父母多为公务员、教师、医生等，他们有较丰富的文化资本和社会资源，是家校共育模式的支持者。家校共育模式在城市社会形成示范效应，逐渐从优质学校向普通学校扩散，从中产家庭向工薪家庭延伸。然而，对于文化程度不高的工薪家庭来说，他们难以适应当下的家校共育模式。一方面，工薪家庭父母对新技术与新知识的掌握不够，他们难以理解学校的作业；另一方面，家校共育高度依赖家长与教师的互动，工薪阶层受限于自身较匮乏的文化资本，害怕和老师沟通。同时，父母自身受教育程度较低和工作时间较长，使他们较难甚至无法辅导孩子的学业。

> 我是中专学历，当时上的职业学校，现在孩子的题太难了，我们都辅导不了。以前给孩子报培训班，"双减"后培训班也没了，后来给孩子每天课后报托管班教孩子做作业，托管了一年后，看不出效果。后来听说有个APP，就给孩子买了，但孩子不看解题过程，只看答案，也看不出效果。我们也不知道该怎么教孩子。（熙熙妈妈，全职妈妈）

家校社协同育人是国家的教育政策，但在实践中，家校社各自的职能定位是什么？边界在哪里并不是一件确切的事，学校把学习的职能转移到家庭，让文化资本和经济资本不佳的家庭处于无能为力的境地，父母尝试课外托管进行作业辅导，尝试使用APP，但都对孩子的成绩提高效果不佳。这使父母更加焦虑和自责，担心因为自己的无能为力而使孩子在教育竞争中处于劣势。上述两个案例都体现了家长在教育孩子过程中面临的压力。父母们在家长主义文化的影响下，认识到家庭在教育职责上的重要性，同时，自身又缺乏足够的文化资本去帮助孩子提高学业成绩，必须通过辅导班、兴趣班提升孩子的成绩和竞争力。这种压力不仅来自教育环境，还来自社会对成功的定义和期望。案例中"盯"孩子做作业，反映了家庭教育和学校教育之间的角色冲突，家长被期待承担更多的教育责任，这也导致文化资本不足的家庭感到焦虑与无力，如果家长做法不当，那么会削弱孩子的自主学习能力。同时，我们也看到教育压力对家长心理健康造成的影响，家长的焦虑和抑郁情绪可能会进一步影响家庭氛围和孩子的心理健康。

我家老大小时候，我和他爸因为吃尽了没文化的苦，很怕孩子像我们一样，所以就使劲"卷"孩子。老大幼儿园升小学的那个暑假，我天天把他关在家里学拼音、做计算题，把一年级的语文数学都提前学了。孩子上了小学后，确实在一、二年级领先，但三年级成绩就开始下降，出现厌学倾向，我们尝试了各种方法都没用。后来我们也反思了很多，孩子的教育急不得强求不得，对老二，我们就"佛系"了很多、看开了很多，会根据孩子的爱好和性格进行教育，不太把自己的意愿强加给孩子，老二的学习反而在班上是中等，也会自觉做作业。而且，老二"当猪养"了以后身体还比老大好，孩子各有各的命吧。（可可妈妈，全职妈妈）

我身边好多家长养育一孩的时候都很"卷"，二孩就不怎么"卷"了。因为发现"卷"了没用，花钱、累大人、孩子还紧张，我女儿两岁多上早教，四年下来花了近十万。最初是比同龄人表现得更好一些，但这种差别到小学基本就不存在了，再生一个的话，我也不会这样"卷"了。（涵涵妈妈，职员）

这两个案例反映了"卷"老大和"佛系"养老二的养育心态。家长在养育多个孩子时的不同策略和心态变化，凸显了他们对教育内卷化的试错与理性化调适。养育第一个孩子时，因自身文化资本不足，高度依赖外部权威（有关养育孩子的书籍、网络专家），导致养育行为机械化，通过密集投入试图提升孩子成绩，但过度竞争及教育方法的偏差导致孩子厌学、成绩下滑，让父母看到"鸡娃"的有限性。养育第一个孩子的经验使家长形成了实践性知识，在养育二孩的过程中，父母转向因材施教，推动养育策略从标准化依循转向个性化适配，减少了家庭与孩子的双重消耗。案例中老二"自觉做作业""身体还比老大好"表明，情景化的、适度宽松的环境更有利于儿童自主性发展。

> 我儿子今年十岁，我已经因为重度抑郁去了两次医院，经常彻夜睡不着觉，头发脱落。原因是给孩子报各种兴趣班、辅导班，有的班孩子不愿意上，闹情绪，身边人都在"鸡娃"，我就很焦虑。还有辅导学校的作业，孩子痛苦，我也很痛苦。现在我放弃了，课外班都停了，孩子以后顺其自然吧。（可乐妈妈，职员）

在与心理咨询师访谈时，她也谈到工薪家庭中很多父母会在"鸡娃"与"摆烂"之间从一个极端走到另一个极端。只要孩子能正常上学，就使劲"卷"，哪天看到孩子不上学了，确诊精神有问题了，就选择彻底不管。

> 在有些工薪家庭中，家长默认孩子成绩好就是一切好，平常只要孩子能上学、能吃能喝（就行），没关注过孩子的心理健康。哪天孩子突然情绪失控，冲撞父母，或者直接跟父母对峙，父母才警觉孩子出问题了。一去精神科检查，发现孩子真有问题。这个时候，就从之前的高度控制、高期待、高要求转到另一个极端，一切随孩子……也就是从"鸡娃"到"摆烂"。（王老师，心理咨询师）

以上几个案例，都让我们看到曾经竭尽全力内卷的家庭，因孩子的身心健康、自身的抑郁和内卷的低效而放弃内卷，转而在迷茫中调整心态，无可奈何地顺其自然。其中，有对学校教育的不满和无奈，有对自身教育能力的怀疑和反思，背后是对社会发展诸多不明朗的担忧，不知道孩子以后会怎么样，不知道该怎样去培养能适应未来社会的孩子，"对孩子该讲的道理也讲了，打也打了，骂也骂了，现在也是一点办法都没有，顺其自然吧，我也无能为力了"是工薪家庭父母常说的一句话。对于工薪家庭父母来说，他们也像中产家庭一样竭尽全力给孩子好的教育，奋力托举孩子，但受制于工作时间长、受教育程度低等因素，难以承担起学校教育的职能，这带给他们较强的挫败感，甚至有的妈妈因此抑郁。

城市普通工薪家庭母职从照料劳动转变为照料与教育职能兼而有之，但转变中的母亲充满了艰辛、焦虑与愧疚。她们在家庭领域承担着繁重的照料劳动和情感劳动，因为自身语言和知识水平的限制，无法与孩子建立良好的沟通关系、无法给予孩子及时的课业辅导，更无法与老师建立良好的合作关系，从而出现母职焦虑现象。她们通过自媒体看到了"理想母亲"的样子，努力向以儿童需求和发展为中心的"密集型母亲"价值观念的方向靠拢，关注孩子在学校接受教育的情况以及孩子在学校的学业成绩。但这些严格而充满浪漫主义色彩的"理想母亲"行为标准不仅永远无法达到，而且成为引发母职焦虑和"不称职妈妈"的根源，加重了母职负担，使母亲产生了养育倦怠与养育焦虑。

三　亲子关系的异化：角色冲突与情感疏离

在"摇摆型"养育实践中，亲子间时常呈现时而说理共情、时而打骂教育的亲子关系状态，父母也时常呈现矛盾的心理状态，这样的心理状态主要表现为"科学养育"的主流养育理念与父母养育本能之间的矛盾。

"不谈学习母慈子孝，一谈学习鸡飞狗跳。"孩子小学低年级时，老师要求家长陪写作业，我每天都坐在孩子身边督促孩子，看到孩子磨蹭或者乱写就着急发火，打也打了，骂也骂了，我情绪失控孩子也情绪失控，家庭气氛差得不行。因为孩子的学习我都要抑郁了，每天睡不好、精神不好，孩子的学习成绩也很差，我就干脆放弃了，放过自己也放过孩子。（柯柯妈妈，物业公司人员）

我们孩子3岁开始报了英语班，每天回来要还课（以视频方式提交作业），整得亲子关系很差。现在我都放弃了，周末就是带出去玩，先让孩子开心，能开心一天是一天，去公园湿地，去游乐场，不想让孩子那么累。（萱萱妈妈，物业公司行政人员）

从上述两个案例中，我们看到了教育内卷如何异化亲子关系，以及在履行教育职责时母亲所承受的心理压力和负担。在"抓学习"的实践中，母亲往往承担主要责任。在家长主义的主流文化下，父母通过"报班""陪读"的行为获得教育安全感，亲子之间的话题也主要围绕学习展开，家庭的教育责任不断加大。工薪家庭父母受限于自身较低的文化资本，难以胜任"教育母职"的角色，发现"卷"了没用，花钱，大人、孩子都累，从由"卷"学习成绩导致的亲子关系紧张到"卷"了无用后身心健康就好的自洽，为缓解自己的教育焦虑而选择"放手"。养育实践不断反思调整的背后，是父母在不确定时代的妥协。

四 性别角色的困境：母职焦虑与父职缺席

工薪家庭母亲多是出于照顾孩子的需要，或者因自身受教育程度较低而难以找到合适的工作，被迫全职在家。家庭的经济压力、丈夫在养育和家务劳动中的低参与度、孩子对母亲价值与付出的低认同度导致很多工薪家庭母亲有较大的"怨气"。在对工薪家庭的访谈中，能听到很多来自妈妈们的抱怨，抱怨爸爸的缺位，抱怨妈妈们承担了家庭的主要职责。在一次小组访谈中，一位妈妈谈到自己的辛苦和爸爸的缺位时表达了这样的观点：

> 只生一个孩子，坚决不生二孩，主要是男人钱赚不到，也不做家务，小孩子都是我一个人管，一个人活成了"千军万马"，我甚至不希望女儿以后结婚，结婚有啥意思，都是女人在付出。养孩子太忙太累，幸福是一瞬间的，但疲劳是多数状态，这样养孩子的方法，如果没有老人支持的话妈妈们多半得全职，只靠一个人赚钱的话养一个孩子都很艰难，何谈二孩、三孩！女人全职在家后，男人会觉得是自己在养家，对女人很不尊重。这种情况不是个例，在很多家庭都存在。（墨墨妈妈，民营企业员工）

访谈小组中的五位妈妈多次点头认可这一说法，同时表现出愤怒和无奈，围绕这一话题表达自己心中的不满。妈妈们表达了对丈夫、对婚姻的不满和失望，经济压力、爸爸的缺位以及不知道怎样给孩子更好的教育，让妈妈们充满了焦虑，这也让她们在养育孩子的过程中缺乏耐心、温和的情绪。在和爸爸们的访谈中，很多爸爸谈到自己要经常到处跑工程之类的，或者晚上七八点才能忙完，根本顾不上管孩子。城市普通工薪家庭的男性呈现以养家为主的人生策略，在很大程度上缺席了孩子的成长。从某种意义来说，工薪家庭实现协作培养是以妈妈们的牺牲为代价的。

> 我在厂里上班，"朝八晚八"累得很，下班后还要做家务、管孩子的学习，每天忙得跟陀螺一样。身体的劳累加上自己文化程度低，经常管不了孩子的学习，有时候只能看看作业做完了没有。我老公只需要上班，家务和孩子的学习仿佛跟他没有关系，什么都等着我来做，每天下班回到家就瘫坐在沙发上玩手机。原来还因为这个经常吵架，吵了也白吵，还把自己气得不行，现在

也想开了，自己能干多少干多少吧，反正怎么都不会生二孩，生养孩子都是女人的事。（佳佳妈妈，产业工人）

在工薪家庭中，家庭内部的性别分工不对等成为母职之艰的重要表现。男性以养家者的身份将家庭责任缺位合理化，女性则被认为是家务与养育孩子的天然承担者，这种分工并非基于能力或意愿，而是传统性别脚本的惯性复制。男性通过收入贡献获得家庭话语权，将家务劳动视为无价值活动，工薪家庭的女性即便进入职场，如"朝八晚八"的工厂工作，仍需值"第二轮班"，导致身心透支，女性成为一个家庭的"兜底者"。案例中坚决不生二孩的集体选择，正是对经济与性别双重压力的无奈应对。案例中母亲不希望女儿结婚，反映了这一代女性对性别分工不对等的觉醒。麦克唐纳（Peter McDonald）的性别公平理论指出，当女性在教育和就业市场等公共领域获得平等，但在家庭领域仍然承担大部分家务和养育责任时，她们的生育率会进一步下降至极低水平（转引自卿石松、王嘉昊，2024）。从养育反观生育，家庭内部女性的母职负担成为抑制女性生育意愿的重要因素。这与中产家庭中男性主动承担父职不同，工薪家庭的女性成为儿童养育的主力，这加剧了她们的焦虑。

第三节 "无力型养育"：资源匮乏与累积劣势

这一类型的个案主要集中在 X 中学。该学校位于城乡结合部，学生家长的职业以物业公司服务人员、工厂工人、售货员、出租车司机、灵活就业人员等为主，居住小区为老旧小区，多属于低薪家庭。这类父母由于自身工作忙、文化程度低，或者秉持"成材树不用扶"的教育理念，对孩子的教育和成长关注较少。

一　教育信念的悖论：文凭期待与结构限制

该类家庭一方面对子女有很高的教育期望，希望子女通过读书改变命运，不再像父辈那么辛苦；另一方面也表示，上大学不是唯一的出路。在教养期待上，呈现矛盾的心态。

在一次小组访谈中，围绕对孩子的教育期望这个话题，家长们的观点主要有以下几个：希望孩子能有一个和我们不一样的未来（恒恒爸爸，工厂工人）；希望孩子能够接受好的教育，以后不要像我们这么苦（米米妈妈，保洁人员）；我们这辈儿是吃了没文化的苦，只能做苦力，在家具厂做工，每天工作至少12个小时，太苦了，希望孩子能好好学习，以后有个稳定轻松的工作，不要像我们这样辛苦（伟伟爸爸，工厂工人）。

父母们希望孩子能上大学，能有一份白领职业，不再像父辈那样辛苦劳作。但同时，身边大学生就业难的案例，也让家长们对教育能否改变命运持矛盾心理。一位觉得孩子读不读大学都无所谓的家长对此的解释是：

> 说实话，读大学是好听，有面子，可现在社会看一个人是否成功的标准还是是否有钱，上不上学不重要，赚到钱才是硬道理，比如，开个超市、饭店什么的。（琦琦爸爸，灵活就业人员）

一些家庭把赚到钱作为成功的主要衡量标准，更倾向于认为孩子的成就是先天注定的，而不是后天培养出来的。当教育不一定能使子女实现向上的社会流动，从而实现身份的转变时，一些父母对子女教育的期望开始出现了分化。在升学希望渺茫和教育回报率低时，部分家长放弃对高等教育的期望。不同于父辈，该类型家庭子女不愿重复父辈的人生之路。

以前的我不懂事，爱打架，现在觉得没意思了。如果上不了高中，人生就没有前途，就会成为小混混。我的理想职业是教师，而且坚信自己能考上二级高中。我希望自己以后能过上中产阶层的生活，休闲度假，受人尊重。（涵涵）

我从来不会看不起从事体力劳动的人，正如我的父母、我的亲戚老乡，他们都是给别人打工，我从来没看不起他们，但我不愿意从事那样的工作，我希望自己坐在宽敞的办公室里，做一个公务员，有稳定的收入和一定的社会地位。我学习成绩好，我相信我可以实现梦想。（昂昂）

孩子们有强烈的不愿意重复父辈职业的想法，期待从事白领职业。孩子们对通过教育改变命运有很高的期待，相信教育是摆脱做工生涯的有效路径。学生和家长认同教育是改变命运的最佳途径，反映了教育在社会流动中的重要作用。教育被视为获得更好职业和更高收入从而提升社会地位的手段。然而，近几年，教育回报率下降使部分家长对高等教育的价值产生了怀疑，这种矛盾反映了教育在社会流动中的不确定性。从职业的社会分层来看，白领职业被视为理想的选择，工薪家庭的孩子不愿意再承袭父辈的职业，他们期待通过教育获得稳定的收入和一定的社会地位。

二　教养参与不足：资本匮乏与管教缺位

通过对工薪家庭父母、孩子以及学校老师的访谈，在三方确认的过程中我们发现，父母对孩子的教育期望存在语言期望和行为表现的不一致。老师们反映，很多家长对孩子教育的参与度较低。对于学生们家庭教育的缺位问题，老师们表现出愤慨和无奈。

每学期开一次家长会，即便是每学期一次，家长的出席率也不超过70%，依然有家长以各种原因为由不出席家长会。不参会的家长对我们老师说："老师，你只需要帮我们看着就行了，现在娃娃还小，出去也找不到事情做，初中毕业就行了。"（赵老师）

我们学校，很多家长把老师当保姆，把孩子送到学校就相当于把孩子交给了学校，孩子的一切都由学校和老师负责。只有家校合作，孩子的教育才可能是完整的，而且教育的关键在家庭。（杨老师）

我是开出租车的，你也知道，现在因为有网约车竞争，出租车的生意很难做，我是给别人开车，有时候"两班倒"，还要开夜车。我家有两个女儿，大女儿上五年级，二女儿上二年级。我老婆原来在外面打工，后来因为孩子接送问题，就全职在家带孩子，我家的房子也是老人留给我们的。现在孩子学的知识太难了，很多我们都辅导不了，只能靠孩子自己。现在孩子这么卷，我们大人都没多大本事，也不期待孩子能成龙成凤，平安健康长大就好。孩子提出来上培训班，我们再紧张也会支持孩子。周末孩子就是在家做做作业，两姐妹一起玩玩。（婷婷爸爸，出租车司机）

对于家长参与子女教育程度较低的现状，家长们给出的解释是"教育的事情本来就是学校的嘛，我们家长平时没事去和老师有什么好说的呢？老师工作也忙，我们去也是给老师添麻烦""我们这些家长，文化水平低，去和人家老师说话还是自卑的，也不知道该说什么"。来自家长们的这些解释让我们看到这一类型父母对参与学校活动的消极态度。

出现这一问题的原因主要有两点：第一，工薪家庭父母工作时间长、收入低，而且自身的文化素质较低也使他们不知道怎样去教育孩子；第二，这类家庭中子女对父母的认同度较低，对父母的教养观念、教育行为、言谈举止等较多持否定态度，父母难以在孩子面前建立权威，导致父母在养育子女中出现无力感。

除了父母的低参与度，在一些孩子看来，老师对他们也是没有期待的。在学校里，这些孩子被赋予"行为习惯差"、"学习没动力"和"家庭教育缺失"等群体形象，老师们基于孩子们的学习态度形成对其学业和职业的低预期，引发了他们对自我边缘地位的感知。在和教师的访谈中，一些教师秉持"我们是在培养劳动者""这些孩子动手能力强，但缺乏学习的动力，不知道学习是为了什么"的理念。家长和老师的预期基于对现实的判断，但也是孩子学习没有动力的原因之一。在这样的心理预期下，有些孩子放弃了学习，"混日子，初中毕业就工作"成为一些学生的出路。正如老师所说的："1/3 的学生初中毕业后就去打工了。"

> 我有两个儿子，大儿子 22 岁，现在还在待业。去年从一所航空学院大专毕业，我也记不住是学的啥专业了，反正大学四年学费、生活费花了 10 多万，毕业后到处找也找不到满意的工作。去年，航空公司招聘地勤，月薪 2000 元，还是临聘人员，儿子去干了一个月就不去了。二儿子今年上大二，也是大专在读，我现在都很发愁两个儿子以后找工作。我是做绿化的，负责给室内的绿化带进行剪枝，一个月 3000 元不到；我老婆在家，做饭洗衣服，照顾全家。我们省吃俭用供两个儿子上大学，现在大儿子毕业快两年了还找不到满意的工作。（维维爸爸，绿化工人）

个案中的家庭省吃俭用供孩子上大学（大专），却在市场化情境下"找不到满意的工作"，反映出当下高等职业教育人才培养与市场供求之间的断裂。近几年，随着就业市场的竞争加剧和不稳定性的增加，教育回报率低使部分家庭对高等教育的价值产生了怀疑。有的家庭为了供孩子上大学省吃俭用，反映出教育投资给普通工薪家庭造成了负担，教育投资回报的不确定性也使家庭面临经济风险，凸显出职业教育与就业市场之间的衔接不畅问题，也加剧了工薪家庭在子女教育上的矛盾处境。

三　代际关系的传递：感恩伦理与情感赤字

一旦孩子在学校犯了错误或者期末考试成绩不好，家长就要么责骂，要么惩罚，要么对之心灰意冷、弃之不管。

> 我最怕我妈了，我妈经常打我，我们家的电视是上次我妈打我的时候一脚踢过去，没踢到我，把电视踢碎了。如果我说谎话被我妈知道了，或者做错事了，我妈二话不说，直接就是拳打脚踢。我觉得我爸妈很辛苦，他们为了让我上个好学校买的这个房子，经济压力很大，可他们教育我的方式真的让我难以接受，我多么希望妈妈能好好和我说话，能理解我。我现在一点也不爱学习，我也觉得对不起爸妈，可我就是对学习提不起兴趣。（涵涵）

在遇到问题或者孩子成绩不好的时候，有的父母倾向于用打骂或不管不问的方式来对付孩子。子女能深刻地体会到父母对自己的爱，但认为这样的爱是自己无法承受的。父母本以为为了孩子的教育他们已经做了最大的努力，这足以激发孩子努力学习、向上流动的动力，孩子却还不好好学习。经济紧张与对孩子的失望，造成父母情绪上的崩溃。

谈到自己考不好后父母的反应，孩子们表达了这样的观点：

> 考试不好的时候，妈妈就开始唠叨，把各种旧账翻出来，说他们起早贪黑、辛苦赚钱就是为了让我好好上学，我这么不争气，他们太失望了。我听到这里就摔门而出，有时候晚上也不想回家，

去同学家或者网吧打游戏。（伟伟）

每个学期的家长会之后，如果我考试成绩差，回到家就被老爸打一顿。（程程）

每次开完家长会都听到同学说，今晚回家该上"体育课"和"政治课"了。（颖颖）

有时候被爸爸打的时候，我真的想离家出走，好想去一个离家很远的地方独自生活。可我知道父母是爱我的，如果我离家出走的话，他们一定会很担忧、很难过，我能理解爸爸的辛苦，可我真的受不了他对我的打骂。（俊俊）

工薪家庭平时疏于对孩子学业的辅导和监督，考试成绩差了就进行棍棒式教育。这种棍棒式教育、放任型教育的养育方式对孩子造成的影响主要表现在两个方面。一是性格特点和处事方式的代际传递。正如有的老师所说："这些孩子们在遇到问题的时候，惯于用争吵和打架解决问题，缺乏理性的言语分析，因为他们的父母都是这样做的。"二是激发了青春期孩子的逆反心理。父母在孩子面前难以树立权威，孩子对父母缺乏尊重和信任，导致亲子关系差，父母难以对孩子进行有效的管教，致使部分孩子出现低内驱力和弱学习动力。

在这类家庭中，我们看到的是忙于生计的父母或者疏于为孩子情感及心理发展提供支持，或者不知道怎样为孩子提供情感及心理支持，更多采用负面情感策略（如责骂、体罚），疏于对子女的陪伴与教育。这些家庭的孩子更多呈现内驱力缺乏、不愿学习、无助感较强等负面情绪。

"无力型"家庭的父母为何总用打骂及忽略的方式对孩子进行教育？第一，与父母的教育与职场经验有关。父母的职业主要是销售员、工厂工人、物业公司服务人员等，他们忙于生计，无暇学习科学养育话语下如何用正确的语言和方式与孩子沟通。他们习惯了职场的被安排、简单枯燥的工作，只能运用自己成长过程中的经验。第二，他们在教养孩子的实践中发现体罚最简单有效。"千言万语抵不上一顿暴打"成为有的父母尤其是父亲的认知。第三，与他们所承受的压力与所面临的困境等心理体验有关。职场所承受的压力与委屈只能忍，家庭成为唯一可以喘息的地方，成为一个父母可以流露真实情绪的地方。了解工薪家庭所处的社会境遇有助于理解其养育实践的形成。

四　家庭困境的扩散：学校化延伸与社会再生产

X中学的校园文化和课堂氛围，与该校家长的社会经济背景和家庭养育方式有一定的延续性。该类型家庭在城市工作和生活中面临的一系列困境延伸到孩子的学校教育中，导致孩子出现低自尊和归属感缺失，对学业出现畏难心理，产生低内驱力和自我放弃，从而以反学校行为缓解自身面临的多重困境。

（一）家庭环境带来的低自尊和归属感缺失

在调研过程中，希望通过学校接触工薪家庭子女，从而进入其家庭了解家庭教育情况，但这一想法遭到了很多学生的拒绝，理由是"父母工作时间长，早出晚归，没有休息日，去了也见不到人""父母经常吵架，外人不方便去""不喜欢别人去家里"。

> 我不愿意回家，因为父母天天吵架打架，他们根本就不关心我的感受，我很痛苦。（柯柯）

> 我爸爸经常打妈妈，也不给我们生活费。爸爸妈妈去年离婚了，妈妈经常给我讲爸爸的种种劣迹，我恨爸爸，我很害怕回家，妈妈一个人很辛苦也很伤心。（朵朵）

通过老师与家长联系，也遇到了很高的拒访率，鲜有愿意受访的父母。针对这一问题，除了客观的父母工作时间长的原因，主观方面老师们给出了这样的解释：

> 很多孩子居住在老旧小区，居住环境脏乱、空间狭小、设施简陋，青春期的爱面子心理使他们不愿意让外人见到他们的居住场所，甚至很少邀请同学去家里玩。（郑老师）

> 因为这些孩子的居住条件很差，但自尊心很强，不愿意外人看到他们的真实情况，我们老师都不做家访的，也是基于这样的考虑，有事情都是喊家长来学校。（金老师）

> 很多学生放学后宁愿在外面闲逛也不愿意回家，除了因为家庭居住环境较差，还因为自己放学回家后父母还没回家，或者是父母关系不好，或者是自己与父母关系不好，感受不到家的温暖。（马老师）

这些案例反映了该类家庭在居住空间、社会心理和家庭关系上面临的多重困境，同时，家庭功能失调也使他们在紧张的家庭气氛中无法获得情感支持和良好的亲子关系。放学后的街头闲逛、缺乏有效监管和引导，又进一步增加了他们接触不良信息、卷入不良群体或发生意外的风险。

（二）自我实现预期：孩子的低内驱力与自我放弃

不同风格的学校教育与家庭教育在孩子身上培养出差异化的习性。在这一类型家庭养育中，孩子呈现较低的学习内驱力。家长们对大学生就业难反映强烈，并经常对孩子谈起，这样的观点抑制了孩子们的学习积极性。当教育难以改变命运的观念为子女所接受时，他们便会放弃通过读书改变命运的努力。由于对教育结果的预期影响了他们的自我评估，进而影响了他们的学习心态，多数孩子表现出较低的内驱力与学业上的自我放弃。

1. 学习态度：没有学习气氛、学不会和学习没用

很多孩子表示自己成绩差是因为学不会。对于学不会的原因，孩子们给出的解释是"从小没有树立信心和意向"、"自己贪玩，不想吃苦"、"脑瓜笨"和"本来学习成绩就不是很好，老师经常批评我，同学们也嘲笑我，觉得学习就是一种折磨"。

如果把他们成绩差的原因归咎于天性愚钝、不肯努力或者是缺乏良好的教养，则显得有失公平。孩子们对待学业态度的背后，蕴含着他们对学业的认知。知识能否改变他们的地位、能否帮助他们实现向上的社会流动，会在很大程度上影响他们对待学业的态度。对于学习是否有用，他们持两种观点：一种观点是"也许读书不是我们唯一的出路，但读书是最好的出路"，另一种观点是"现在辛苦读书不就为了以后上大学吗？现在大学生都找不到工作，上不上大学无所谓，能赚钱才是硬道理"。后者的影响力已经超过了前者，这一系列因素导致他们对学业呈现较低的内驱力。

2. 反学校文化

与威利斯笔下的工人阶级子弟"家伙们"有颇多相似之处，反学校文化大多存在这类家庭中。他们抵制学校权威，用抽烟喝酒、打架、挑战教师权威、厌学等方式进行抵制。保罗·威利斯的《学做工：工人阶级子弟为何继承父业》为本节提供了一个有力的分析工具和富有全球视野与历史纵深的比较平台（威利斯，2013：16~27）。

（1）失序的课堂图景

在 F 学校，七年级某班的参与式观察中，在听课的学生大概占40%，其他的学生在玩手机、交谈或者打盹，而在另一个班，一个班30 多名学生，只有五六名学生在听老师讲课，其他学生在打盹、窃窃私语、看小说、玩手机。授课教师已经对这样的授课环境司空见惯，

不提醒、不指责，以自己的方式继续上课。在 X 中学，七年级政治课，班上 36 名学生，政治老师上期末复习课，提纲挈领地讲每章的考试知识点，这样针对考试的课程应该很重要，可全班只有 4 名学生在听老师讲课并配合回答问题，有 12 名学生在窃窃私语，有 6 名学生在玩手机游戏，有 5 名学生在打盹，有 3 名学生在发呆，其他学生在看小说。在课堂上，如果有哪位老师无意中说出任何双关语，就有学生发出哄笑和故作惊讶的"哇噢"声，使老师顿陷尴尬，从而引起很多学生的哄笑。

> 当有的学生在课堂上搞恶作剧、耍弄老师的时候，我们就得浪费宝贵的课堂时间。这就意味着他们浪费了我们想学习的同学的时间。我觉得这些搞恶作剧的同学很可怜很可笑，他们自认为引起了别人的关注，其实别人从内心看不起他们。（辰辰）

有老师说道："现在的孩子都是欺软怕硬，老师凶一点的话课堂秩序还行，如果老师态度好一些，学生们就乱说乱跳，课都没法上。"资深老师给孩子们上课，大致还能维持他们的权威，很少有学生搞破坏，而年轻教师没有教学经验，加上爱讲道理，课堂纪律就被破坏得更严重。

（2）"找乐子"

"在学校里，能逗乐的人最受欢迎。""乐子"可以被用于很多情境：打发无聊时间、克服困难和恐惧等。一些学生通过网络和现实世界，努力寻找可以用来逗大家笑、搞破坏或者煽情的事情，以获得大家的关注。孩子们认为自己是因为无聊所以"找乐子"，这似乎成为一些学生生活的逻辑。这种无聊感从何而来？是否如赵老师所说的：因为他们的内心没有追求，不知道自己是谁？不知道自己能去往哪里？未来将在哪里安放？他们感到困惑和迷茫，困惑和迷茫是他们产生无聊感的原因，而"找乐子"是应对无聊的主要方式，也是对枯燥生活的自我安慰。

（3）非正式群体

非正式群体在学校较为常见，一些学生为了在学校不被欺负，就主动加入这些群体。非正式群体的"头头"通常是擅长哄骗、具有广泛的非正式社交网络的人。非正式群体可能因为某个女生甚至是一些琐事而打架，而且是打群架。

> 他们自以为在社会上认识几个"朋友""兄弟"就可以为所欲为、欺负其他人，我个人觉得他们也挺可怜的。"人之初，性本善"，他们到底是被谁影响的？（健健）

"他们到底是被谁影响的"指出了问题的核心和本质。这些孩子是怎么一步步成为这样的？非正式群体得以长期存在的基础是什么？这类家庭中，子女不喜欢父辈的职业，认为那样的职业社会地位较低、收入较低，期盼成为白领，向往中产家庭生活方式、渴望进入中产行列。但在实践过程中，他们以消极的学习态度和反学校文化抵抗学校权威。工薪家庭较低的收入使其只能居住在城乡结合部，对较差的居住环境产生抵触心理。父母较低的文化程度和较长的工作时间使家庭亲子关系疏远、父母难以对子女的学业进行有效辅导，家校合作和沟通处于较低水平。另外，该类父母的教养方式介于放任和粗暴之间，这样的家庭环境造成子女对家的不认同和对城市的疏离，从而形成消极的自我认知。

在布迪厄关于教育的著作中，一个重要的主题是强调学术的选择是通过以阶级为基础的自我选择塑造的。布迪厄指出，无论是留在学校还是退学，选择什么课程，都依赖于学生对自己所属的社会阶层的那些人在学术上成功的可能性的实际预期。布迪厄相信，一般情况下，在主体希望与客观机会之间存在高度的对应。一个孩子对于教育与职业的雄心与期待是父母与其他相关群体的教育经验与文化生活的产物，这是一种由结构性决定的产物。布迪厄深刻地阐明了教育的选择如何事实上通过自我选择发生（斯沃茨，2012：226~227）。

小 结

经济方面的压力是很多工薪家庭的主诉，成为工薪家庭在养育实践中面临的最大难题。不同于中产家庭拥有丰富的文化资本，工薪家庭父母存在不知道怎样教育孩子的挫败感，他们工作时间长、资源有限，尤其缺乏教养文化资源。基于这样的家庭社会经济背景，工薪家庭的三种养育实践类型如表4-1所示。

表4-1　工薪家庭的三种养育实践模式

实践类型	教育期望	亲子关系	教育参与
依循型	上好大学、从事中产职业	权威与控制	全面参与，依赖辅导班
摇摆型	有个好工作，不期待出类拔萃	不稳定、隔阂	在"内卷"与"摆烂"之间摇摆
无力型	对教育改变命运持怀疑态度	隔阂、疏远	低教育参与程度

"依循型"养育实践父母是工薪家庭中的"鸡娃族"，他们以中产家庭的"鸡娃"方式为准则并竭尽全力向其靠拢，对孩子抱有较高的教育期望，重视孩子的学业成绩，但受自身文化资本限制，主要通过教育外包的方式帮助孩子提高学业成绩。同时，受科学养育理念的影响，他们也会注重孩子的身心健康发展。

"摇摆型"养育实践父母经历过内卷，后来或者发现内卷没用，或者发现孩子的心理健康出现问题，或者亲子关系越来越糟，被迫放弃内卷，转而寻求一种相对松弛的养育方法。这类父母对孩子的期待是有个好工作、品行好、守规矩，不期待孩子出类拔萃；在教育参与过程中常常处于两难处境，即不知道怎样教孩子和不知道怎么做才是对的。在亲子关系上，这类父母宽严相济，对孩子进行有限督促、有限投入。在养育实践中，由于缺乏一套笃定的养育理念，他们容易被网络养育文化及身边人的影响，出现摇摆不定的情况。同时，受传统性别分工的影响，父职缺位，导致很多妈妈出现较强的抱怨与焦虑指责情绪。

"无力型"养育实践中，父母由于居所不稳定、工作时间长、受教育程度较低等，在子女养育中出现较强的无力感，多数孩子处于放任自流的成长状态。父母对孩子的教育期待和职业期待较高，期望孩子未来从事白领职业，但教育参与度较低；亲子关系较为疏远，亲子间隔阂明显，孩子对家的认同感和归属感不强。该类型家庭在城市中的多重不利处境向学校教育延伸，导致孩子的教育面临多重困境。

工薪家庭与中产家庭在育儿责任分配和父亲参与方面有显著差别。工薪家庭中，父亲和母亲之间性别角色分工明确，即父亲负责养家、母亲负责操持家务和抚养孩子。这一传统性别分工随着女性劳动市场的参与使女性的角色范畴更加广泛，女性从传统的"照护者"向"养家者"过渡，扮演养育和照顾者、课外活动筛选与陪伴者、孩子情绪与社会性发展支持者等多重角色，而扮演"养家者"角色的父亲在儿童照护与教育中的缺失使父亲这一角色的重要性缺失，导致较多的工薪家庭母亲出现养育焦虑与养育倦怠。

工薪家庭的三类养育实践是社会经济结构限制下的适应性策略，其特征是高度"务实"。因限于经济资本、文化资本和时间资源的匮乏，工薪家庭的核心目标是确保孩子"平安长大""能养活自己"并尽可能通过教育实现阶层跃迁，但在实现阶层跃迁的路上，也面临一些困境。不同的养育实践体现了父母对通过教育实现阶层跃迁的想象。"依循型"养育实践下，父母特别是母亲试图跟随中产家庭的养育模式，高度参与孩子的教育，但受限于自身的文化资本，主要依靠辅导班提升孩子学业，结果导致亲的焦虑感和疲惫感增强以及孩子的忙碌。"摇摆型"养育实践下，父母在"内卷"与"躺平"之间摇摆不定，深陷"不知道怎样教孩子"的养育困惑，重教育参与却无力为孩子提供情感支持，对孩子的情绪危机不能及时干预和疏导，甚至有些孩子面临心理健康危机。"无力型"养育实践下，父母普遍处于资本匮乏与管教缺位状态，对孩子的关心主要局限在学业，情感关注匮乏，结果导致孩子在学业上呈现低内驱力与自我放弃，这种养育模式与中产家庭形成显著区别。

第五章

养育实践的生成逻辑与机制阐释

在布迪厄的社会实践理论中，场域、习性与资本的互动构成了行动者的实践逻辑（布迪厄，2012：73~75；布尔迪厄，2015）。布迪厄的社会实践理论与费孝通的《生育制度》的理论核心如出一辙，同是对人与社会同构关系的探讨。"费先生讨论'家'的制度，只是为了说明人在再生产其个体的同时也再生产了社会、只是为了说明人的再生产是人类存在的基本条件和状况。"（王铭铭，1997）从西方到本土社会学知识体系，都能看到对人与社会互构关系的讨论，本章基于这样的理论背景，在场域、习性与资本的互动和相互交织中探讨不同家庭多元分化养育实践的形成机制。

第一节　养育场域：教育竞争的关系空间

场域是在社会世界中存在的一种客观关系，是行动者依照习性、运用资本进行实践活动的关系空间。布迪厄的行动理论指出，社会场域的结构对行动者有一种强制力，但大多数行动者都不会意识到场域的强制力（约阿斯、克诺伯，2021）。在某种意义上，养育场域犹如一个天然的实验室，为探讨结构与能动性、文化与行动等宏大理论问题提供了一个中观的观察环境。置于布迪厄社会实践理论中（布迪厄，2012），作为社会实践的养育行为应该首先回到行为者的场域中进行理解，并且这个场域是时空流动的和变化的，而非直接将养育习性依附于所属阶层去理解养育实践，否则会倒置阶层与实践的发生逻辑，这有违布迪厄对个体主义和集体主义的超越。因为阶层是社会实践结果的表现，而不是实践行动的逻辑。因此，对养育实践的理解应该重拾"场域"的概念（谢立中，2019）。"养育场域"的概念，反对将父母的养育行为看成被动的承受者，把养育行为全然看作一种社会结构限定的行为的做法。同理，从"养育习性"的角度，养育习性制约着养育场域内父母的行为逻辑。某种具体的养育习性要能够在现实中影响人们的判断或指导人们的行为，一定是经过了现实的主流文化价值观、人格特征和社会情境的筛选，由父母在现实生活中建构出来。场域和习性概念的逻辑展开，不仅能够有效地规避以往研究中在个人与社会（文化）之间非此即彼的选择，而且也可以有效地将行动者和社会结构双向能动性集中起来，从而使研究结论更加深刻、更加贴近于现实（刘中一，2005）。本书的养育场域主要围绕"养育"形成的竞争性社会空间，包括家庭与学校的共育与冲突、市场与媒体联合下的养育话语建构、教育政策等场域。

一　学校教育的分层机制：制度性筛选与空间区隔

在当下的教育场域中，对父母的教育决策和教育行为影响最大的政策之一是选拔性的考试制度，政策之二是教育资源配置方式。

（一）选拔性的考试制度

在东亚国家中，国家在基础教育领域奉行均衡化政策，在高等教育领域奉行分层化策略。基础教育和高等教育领域政策之间的张力，使得从基础教育阶段就产生了"竞争性教养"（德普克、齐利博蒂，2019）。教育系统的组织方式是父母教养方式的直接驱动力。

考试在中国儿童及家庭的生活中的重要地位怎么强调都不为过。

纵然中国的父母想按照专家建议去做，但随着孩子年龄增长、越来越临近关键的入学考试，确保学业生存的压力变得越来越大。以市为单位的中考决定了学生在国家规定的九年义务教育之后能否继续就读高中，以及就读什么样的高中（普通高中还是职业技术高中）。全国性的高考决定了学生最终将进入什么样的学院或大学（学术型还是职业技术型，"211"还是非"211"高校），以及选择什么样的专业。鉴于这两场考试事关重大，家长们认为就读合适的初中极其重要，因为这是学生准备中考的阶段，而中考之后则是学生准备高考的阶段。争取进入一所声誉好的学校不只是执迷于社会地位的表现，更重要的是出于实际考量——确保有效的教学方法以及（对一部分人而言）确保孩子未来能有一定的社会关系。

（二）教育资源配置方式

在这样的教育制度下，进入声誉好的学校成了家长们的共同心愿。自新中国成立以来，为了短时间内获得最大的教育回报率，以满足工业化期间日益增长的人才需求，国家实行了重点学校制度。尽管重点学校制度在20世纪90年代就已经被教育部明令取消，但重点学校与非重点学校在地理位置、基础设施、师资力量、学校声誉等方面的差异性仍然得以延续（吴愈晓、黄超，2016）。一方面，传统的重点学校具有较高水平的办学质量，积累了较好的口碑；另一方面，由于重点学校具有较高的办学水平，所吸纳的生源质量和师资质量都超过非重点学校，这进一步维持了教育资源分配机制。重点学校拥有丰厚的师资力量、完善的教育配置和优秀的同辈群体，能够帮助学生在教育竞争中脱颖而出，最终有助于学生的教育获得（吴愈晓，2013）和地位获得（王威海、顾源，2012）。教育竞争的本质是择校竞争，能否进入重点学校成为决定个体生命历程和家庭阶层跃迁的重要影响因素（张骞、高雅仪，2022）。

为了促进学生均衡分配，我国实行义务教育公办学校"划片入学"政策，即"学生应在户籍所在地就近入学"，意在淡化"重点学校"制度，促进教育资源均衡化，但教育资源在不同地区或学校、城乡之间分布不均衡，使得家长们将视线转移到学区房的竞争浪潮中。在民办学校转公办之前（2021年以前），义务教育阶段的择校较常见。这首先是因为人们对优质教育资源的渴望，哪怕是在民办学校支付高昂的学费，只要能进入，家长也会努力。第二个原因是对孩子同伴群体的重视，家长们普遍认为优质学校是从经济资本、文化资本和社会资本方面对孩子进行了筛选的，这样优质的同辈群体更有助于孩子的学习和成长。第三个原因是收费的学校能将择校带来的收入进一步投入学校基础设施和师资的改善上，形成名校效应。

对于很多掌握足够文化资本和经济资本的家长而言，在对教育资源的考察权衡过程中，为孩子选择公立名校，并为孩子购买学区房，这就导致公立名校的学区房价格高于周边普通商品房，同时筛掉了很多经济资本不足的父母。另外，择校具有累积效应，在越好的学校里越能充分地获取关于下一次择校的信息。中产家庭的父母们在教育政策解读、教育资源共享方面也有很大优势，不同阶层的孩子聚集在同样的学校，促进了资源共享和优势互补。

> 我老公在教育部门工作，给孩子择校时考虑到Y学校的教育理念更新、课外活动更多、孩子更轻松，最重要的是有优秀的同伴。（天天妈妈，民企经理）

同辈群体是家长为孩子择校考虑的重要因素之一，正如帕特南（2017）所说"你的孩子和谁一起上学，这很重要，和谁一起上学与学生的成绩和表现有非常密切的关系"。正如访谈中好好妈妈说的"同质性较强的家长建构了同质性强的小朋友群体"。对于很多中产家庭来说，学校质量成为他们择校、选择居住地点的最重要因素。为了实现这样的养育目标，父母们一方面高度重视家庭教育，另一方面，在自己能力范围通过购买学区房为孩子选择优质的学校。

科尔曼的研究指出："不论学生自己的社会背景如何，最大程度上决定学生成就的学校因素是学生群体的社会组成，而不是任何其他的学校因素。"（帕特南，2017：187）学校的阶层构成决定了个体将与何种类型的同辈群体互动。学校中来自优势阶层家庭的学生比例越大，个体就越有可能和家庭社会经济地位较高的同学互动，这种情况下，同辈群体成为教育的催化剂，对个体的学业成绩或教育获得更加有利（吴愈晓、黄超，2016）。我们看到，家长们基于学校的选择、职业和养育理念形成了各自的养育圈子，孩子在不同的圈子里，收获着不同的养育资源。

拥有相近或相似的教育水平、社会经济地位的人群聚集在一起，由此产生一种社会空间上的分割。来自相似家庭的孩子接受同一类教育，家长的身份、教育理念也使孩子形成了一个相对封闭的交往"圈子"，并由此在学校生活中形成不同的同伴圈子。这种基于家庭背景出现的学生之间的"群分"现象不仅体现在不同"档次"的学校之间，也体现在同一学校内部通过父母职业、受教育程度、教育理念等不同而形成的圈子之间，学校的类型和家庭的社会经济地位及养育理念合力形成了儿童交往的圈层化。当前，学校的阶层构成对学生的教育期望存在显著影响，平均阶层地位越高或阶层异质性越大的学校，学生的教育期望越高，而教育期望是学业成就与教育获得的重要决定因素（吴愈晓、黄超，2016）。

近几年，随着国家推动义务教育优质均衡发展，校际差距在逐渐缩小，家长在择校和购买学区房方面的焦虑得到一定程度的缓解，同时，随着义务教育"双减"政策的推行，义务教育阶段的教育内卷得到一定程度的缓解，本书的资料主要集中在"双减"政策推行之前。

二　家校共育的合作边界：功能偏差与能力分化

苏霍姆林斯基提出："儿童只有在学校和家庭的协力作用下才能

实现全面发展。"（朱永新，2021）家庭教育与学校教育必须相辅相成才能共同促进孩子健康发展，家校之间成为阶层运作的重要场域空间（沈洪成，2020）。本节聚焦"家校社政"协同育人视角下家校合作中的家长参与及困境进行论述。

（一）"双减"下的家庭教育

2021年7月24日，中共中央办公厅、国务院办公厅印发了《关于进一步减轻义务教育阶段学生作业负担和校外培训负担的意见》（以下简称"双减"政策）。文件提出强化学校教育主阵地作用，深化校外培训机构治理，现有学科类培训机构统一登记为非营利性机构，校外培训机构不得占用国家法定节假日、休息日及寒暑假组织学科类培训等内容。"双减"及《中华人民共和国家庭教育促进法》的颁布实施直面了当下家庭教育及青少年教育与成长的困境，不仅对学校育人体系进行进一步科学定位和整体优化，也为家庭教育回归本源，缓解焦虑，发挥自身独特的教育功能指明了方向。

2021年，是中国义务教育阶段政策调整程度最深、幅度最大的一年。从义务教育阶段入学"多校划片"整治学区房、优质高中"名额分配"、"双减"（减轻义务教育阶段学生作业负担和校外培训负担）、"民办转公办"（整治教育产业化）、"教师轮岗"等一系列政策的出台来看，国家在推进教育资源均衡化进程中"打出了组合拳"，一系列教育政策形成的合力将有力减轻义务教育阶段的竞争和压力，促进教育资源均衡化。但最让父母们担心的问题是，持续不断的"减负"政策改善了教育环境，但是在考试评价机制未发生根本改变的前提条件下，分数仍然是决定教育获得的最重要的评价标准，两者间的张力需要在实践中不断调整。

"双减"后我觉得孩子更累了，学科类的培训班原来在周末的也调到了工作日，每天下午五点四十放学，周一放学后上数学思维，周二钢琴，周三英语，周四田径，周五网球，周末两天跳舞、钢琴、书法、画画，每周只有两天是上完课回家吃饭，其他都是在外面匆匆吃点简单的晚餐，我们接送孩子都觉得很累。可孩子喜欢上这些班，我们家长只能配合。孩子学得越多，以后更可能过上更好的生活吧。（芒果妈妈，高校教师）

现在的教育政策紧跟形势的变化，我们家长能做的就是以不变应万变，孩子的教育一刻也不能放松，不管教育政策怎么变，只要上大学的选拔机制不变，成绩永远是硬道理。我一有时间就泡在线上线下各种教育论坛和家长微信群中，仔细研究教育政策，确保不让自己的孩子吃亏。（田田妈妈，高校行政人员）

"双减"政策的落地，短期内并没有像预期的那样切实减轻中小学生的校内负担和校外负担。家长们普遍表示不希望孩子在求学的路上吃亏，家长们表示，最终考大学的评价体系没有变，职场的就业需求没有变，这意味着"终端"没变，评价体系没有改变，却只改变"前端"，即育人模式，并没有有效缓解家长和老师的焦虑。

（二）家校合作共育

本书的调研发现，当下的家校合作面临以下四个方面的困境。一是家庭教育理念与学校教育理念的不一致，这主要发生在中产家庭里。二是家校功能定位偏差。学校的教育功能不断往家庭场域延伸，比如学业辅导、各类需要家长协助完成的作业等，家庭的学习教育职能被不断强化，致使母亲需要成为孩子的"教育经纪人"。三是家校合作能力上的分化，学校教育的权威性和家庭教育的依附性越来越明显。在社会经济地位较高的家庭，父母偏重教育职能，父母尤其是母亲高度参与孩子的学业教育，而在社会经济地位较低的家庭，又认为孩子的教育是学校的事，导致在家庭教育中出现明显的教育参与的不均衡，这种不均衡主要是家庭经济资本、文化资本的差异导致的。四是家校合作的"中心"与"依附"关系。家校双方在合作过程中出现"中心"与"依附"的关系，在参与家校共育中，学校处于中心，家长在这个过程中处于适应或顺从的地位。家校合作中家长普遍处于弱势状态。这些困境是造成当下家长养育低效能感与养育焦虑的重要原因。

自身教育理念与学校教育理念的不一致或不认可，催生了家庭与学校之间的矛盾与断裂，呈现了当代社会转型下养育实践的复杂性。

> 在小学阶段就用高三应试教育的模式开展教育，完全没必要，副作用非常大。每天孩子作业很多，本来可以多看会书的，现在因为作业多，就没时间看书了。作业多占用了孩子很多阅读、玩耍、运动的时间。在这样的教育体制中，个人的理念很难实践，有很深的无力感。现在一些大学毕业生出来不适应社会，和义务教育阶段执着于"本本教育"的模式有很大关系。参加社会实践、旅行、运动、与人交往的机会都因此减少，导致小孩子在心理、性格方面的缺陷。（虎子爸爸，公务员）

在这个案例中，家长所反对的"本本教育"，实为对教育异化的对抗，教育本应培养完整的人，却因为过于注重知识培养，而引发了家长对孩子全面发展的担忧，这种矛盾迫使父母在"反抗"与"服从"之间产生养育焦虑。

> 我最近深陷教育焦虑，我家老二今年刚上小学，进入小学后发现没有上幼小衔接的孩子只是极个别，大多数孩子都是上过幼小衔接的，甚至有的孩子刚入学就可以用汉字写小短文。老师也默认小朋友是上过幼小衔接的，加上疫情影响，老师的授课进度非常快，我家孩子因为刚满6岁，所以在专注力方面不够，加上零基础进入小学，很难跟上老师的进度，老师时不时会在家校练

习本上批上"完全不会听课""请家长高度重视"之类的评语，在与老师微信沟通中，我反复强调孩子是零基础进入小学，没有提前学拼音和识字，老师会用孩子已经"脱离了大部队"之类的话给我施压，让我陷入了严重的焦虑之中，而且从小就不吃手的孩子现在开始吃手，每天回到家话都说得少了，性格也变得沉闷，我很担心孩子，担心刚入小学就面临这么大压力会不会失去对学习的兴趣，所以，我不敢出差，家里请了家政来做晚饭，每天接到孩子就陪学习。我读了很多教育方面的书，对教育是很少焦虑的，知道要静待花开，知道每个孩子都是独一无二的，知道初入小学要有适应期，可老师在每日的作业单和单元测试中逐渐对孩子失去了耐心，这让我无比焦虑。感到教育学的理论在现实面前苍白无力，怎样养育孩子，不是由家长说了算，家长只能配合老师的教学，否则吃亏的就是孩子。在这样的教育模式下，谁敢坚持自己的养育理念，只能在坚持中不断妥协，找到平衡之道。（暖暖妈妈，科研工作者）

案例中暖暖妈妈的焦虑源于家长的教育理念与学校教育之间的冲突。幼儿园阶段的超前学习（如学习拼音、识字）是教育内卷的表现形式，家长为了应对"同辈竞争压力"，不得不采取"防御性"教育策略，以防孩子在教育起跑线上落后。尽管暖暖妈妈认为自己掌握了一些教育学的理论和方法，但在现实面前苍白无力，现实的教育压力使得她难以在自己孩子身上践行自己的教育理念，因担忧孩子被边缘化，只能妥协配合，体现了在家校共育中家长教育话语权的隐退。

我这里有一个孩子在学校被霸凌的案例。事情是这样的，这个孩子因为作业完成得不好，被老师视为调皮捣蛋，孩子就在班上被边缘化，好玩的事情就轮不到他。有次学校跳绳比赛，本来这个孩子跳绳是可以的，但老师就找借口不让其参加，家长也是偶然进学校，从别的小朋友那里听到了，家长从这些蛛丝马迹中发现孩子被老师边缘，班上的孩子也受影响，也边缘这个孩子。后来家长也试图和学校反映情况，但碍于家长的公职身份和老师的名师地位，这个事情最后也就不了了之了，老师也收敛了一些。后来家长发现孩子自卑、胆小，就带孩子来我这里做咨询，第一次见到孩子，就发现孩子退缩，一进到咨询室就躲在一个小角落，甚至家长对孩子说喊老师孩子都很戒备，不敢抬头，咨询过程中有很多眼泪和情绪，好在孩子可塑性强，经历了 10 次咨询后可以正常上学。现在的家长不管是什么身份，在老师面前都是很谦卑的，孩子在学校遭受不公正待遇的时候，家长很难与学校对抗，去捍卫自己的正当权利，多数都是家长更配合学校以及引导孩子去适应。（王老师，心理咨询师）

在这个案例中，我们看到学校作为教育机构，教师处于权威地位，掌握着对学生的评价标准，且在分数主义的教学导向下，忽视儿童的健康成长，对孩子和家长施加压力。家长在得知孩子遭受不公正对待以及在感受到权利不对等的情况下，依然难以通过正当手段维护孩子的合法权益。这种情况对儿童的全面发展和健康成长造成了较大的伤害。

家校合作共育中的矛盾给父母的养育增添了矛盾与无力感，这一冲突本质是个体化需求与体制化规训之间的结构性矛盾。家长的个性化养育理念与体制的标准化要求之间产生冲突，当教育体制要求同质化和高效时，个体差异被忽视，家长在"配合体制"与"保护孩子的创造性"之间博弈，学校的规训也进一步压缩了家庭教育理念的实践空间。

三 教养文化的生产逻辑：优绩主义与焦虑传导

"社会人类学的研究单看社会结构不够，单看个人的需要也不够，而应该看社会结构、文化和个人的情感之间的关系，并对个人的非理性情感在文化中的地位加以关注。"（王铭铭，1997）结构作为养育实践的外在形塑力量，是一种"内在于行动中的知识"（action-inherent knowledge），文化则以一种潜移默化的方式影响着人们的教育行动。本节主要关注养育实践中掺杂着非理性情感的阶层养育文化对家庭养育实践的推动。阶层养育文化作为人与社会同构关系的媒介，是阶层和养育观发生联系的中间机制，同阶层通过公共舆论、社会资本、关系网络影响阶层文化的塑造。

（一）"密集母职"与"科学养育"的话语建构

将国家人口高质量发展的宏观议题与微观的普通人自我提升结合起来的一个关键点是关于养育知识的流行建议。流行文本在重新定义好的养育方面发挥了重要作用。在社会快速转型和激烈竞争的背景下，普通父母基于学习科学的养育知识、接受专家的咨询建议，来实现高质量的儿童养育。

中国家长们极力地将孩子视为自我生命的延续和传承自我理想的下一代，父母如饥似渴地借用孩子的生命历程实现自己的重生，不断将自己未能实现的理想或自己的意志转移到孩子身上（费孝通，1998）。本书通过对关注率较高的微信公众号、书店摆放的主流育儿书籍、转发的高频词育儿类短视频的搜集整理，总结出"科学养育"与"理想亲职"的几大特征。一是时间、金钱和情感上的高投入。在养育孩子过程中，整个核心家庭呈现"以儿童为中心的生活安排"，围绕孩子的择校购买相应的房产，围绕孩子的学习、兴趣班安排全家的时间，孩子的学习、情绪成为全家生活的晴雨表，父母自身的工作、娱乐被放在其次。基于全国代表性调查 2014~2015 年数据分析显示，我国父母平均每周至少为子女指导功课、检查作业两天半，其中每周为孩子检查作业和指导功课四天及以上的父母分别为 32.2% 和 20.8%（中国人民大学中国调查与数据中心，2016）。除了父母积极参与孩子的学习与成长，甚至祖父母也参与孩子的生活照料和上学接送，"一家人围着一个孩子转"成为很多家庭的真实写照。在这个过程中，儿童教育消费成为当前城镇家庭消费的一项重要内容，校外辅导班和兴趣班的迅猛扩张，占据了儿童教育消费市场的主要领域（林晓珊，2018）。艾瑞发布的中国 K12 教育行业报告表明，2013~2020 年，我国学前教育至高中教育的培训市场规模，从 3000 亿~4000 亿元增加到 8000 亿~9000 亿元，几乎占了 2020 年国民生产总值的 1%，并接近国家公共教育财政开支的 1/3。市场需求和规模如此之大，也就解释了为什么我国教辅机构数量和规模都呈现井喷式增长的态势（李昂然，2021）。自 2021 年"双减"政策实施以来，校外培训机构被严厉整顿。

二是要求父母高度参与孩子的教育，强化母亲的教育职责。现代社会将教育建构成国家责任，当下的教育进程显示家长在整合各种教育资源的过程中处于枢纽位置。在家校关系不断强化的背景下，围绕孩子的学习，一个教育网络被紧密编织起来，家长、学生、教师、教育管理者、补习机构等都参与其中，家长则处于教育关系网络的中心（沈洪成，2020）。

"科学养育"与"密集母职"的话语建构使科学养育和母亲的重要性凸显，并作为既定知识开始向社会扩散。主流教养话语作为知识是如何生产和传播的？又是如何为父母所习得的？大众媒体是建构"正当性"的重要机制。在科学养育理论"正当化"的过程当中，通过心理学家、教育学家、医生等传播科学养育的理论，再通过对专家权威、理想亲职、竞争性养育和消费文化的传播建构了"象征世界"，在这个过程中，实现了科学养育知识的正当化。一方面，新媒体的时效性为不断更新的家庭教育理论提供了知识传播路径，使不断更新的养育理论可以尽快地指导养育实践。另一方面，新媒体的社交化特点增强了养育观点的传播效果，养育观点在信息的交流互动中不断优化，规范着父母群体的养育行为。科学养育是知识建构的结果使家庭和父母的重要性凸显，并作为既定知识开始向社会扩散。

（二）"防止下滑"与"力争向上"的阶层流动期望

著名社会学家兰德尔·柯林斯在《文凭社会：教育与分层的历史社会学》一书中指出，在 20 世纪中期，美国的整体社会氛围是希望通过自己的努力，改变自己的社会阶层，过上富裕的生活（严飞，2021）。在这个过程中，"文凭社会"逐渐形成，个人通过获得著名大学、商学院和工学院的文凭证书，获得地位更高的工作，获得与更高阶层的人的婚姻，从而获得进入具有社会经济优势圈子的机会（严飞，2021）。文凭因此成为就业、婚姻和提升下一代社会地位的"敲门砖"，围绕文凭和学历产生的竞争和焦虑就此成了城市家庭"拼养育"的最重要动力。带着这样的动力，父母们竭力参与孩子的教育，支持孩子获得本土或者海外的高等教育机会，以稳定阶层地位或防止阶层跌落。"接受高等教育"被认为是实现社会向上流动的重要路径，但同时也让父母掉进了优绩主义的陷阱（桑德尔，2021：8）。家长们带着"培养社会竞争力"的目标导向，力图获得有利于全球流动或保持阶层优势的资本。

在教育期望方面，因为担心孩子成年后因教育不足成为经济不稳定、遭遇剥削或就业不足的受害者，父母不再放任孩子的教育（德普克、齐利博蒂，2019）。教育成为布迪厄所说的"社会炼金术"——成为以家族为单位的积累、传承与努力的结晶（刘云杉，2018）。受家庭经济资本、文化资本和社会资本的限制，中产家庭对子女的教育期望是防止阶层下滑，为此采取了多种家庭资本的传递与转换策略。工薪家庭的教育期望是力争实现向上的社会流动，渴望孩子通过高等教育从事白领职业。

通过教育实现阶层地位跃升的中产家庭父母努力通过社会资本和文化资本促成孩子在教育上不能低于自己的阶层地位，至少保持平衡或向上流动。首先，中产家庭父母普遍认为相比于上层家庭，他们没有可以实现代际传递的商业及经济资本，文化资本是其最大优势，也是中产家庭通过教育保持社会地位的主要路径。其次，中产家庭所具备的经济资本和文化资本使其有能力和精力来实现对子女的教育参与。工薪家庭父母对自身生活状态的不如意及看到的城市中产家庭的生活样态也使他们把上大学和从事白领职业作为对孩子的理想期待，本着"力争向上"的阶层流动态度，采取"模仿依循"的策略进行家长参与（沈洪成，2020）。他们模仿中产家庭的养育方式，不希望孩子过和自己一样的生活，虽然在文化资本方面不如中产阶层，也没有太多关于科学养育的思考与反思，但他们会选择从众，借助培训班等教育外包的力量参与孩子的教育，高度重视孩子的学业成绩。"防止下滑"与"力争向上"成为跨越阶层的社会流动渴望。

（三）社会比较中形成的"热屋效应"

按照社会比较理论的主张，人们的自我验证主要基于与环境中所提供的他人信息的比较，进而产生认知、行为和情感后果。在养育的社会比较中，同辈群体是重要的参照群体，包括儿童的同辈群体和父母的同辈群体。

更多的压力来自周边的父母，身边小朋友同学的影响。焦虑是从上兴趣班开始的。从幼儿园到小学之后，感觉突然学校的每一门课都非常重要，就感觉时间不够用了，需要全面发展。上了小学之后，家长对孩子要求也还是比较高，什么钢琴、小提琴、大提琴、英语、数学，听说每个孩子在外面学七八门课。再强大的心理都不可能不受大环境的影响，确实自己压力还是蛮大的。在乐器、艺术、英语方面一下子就感觉到了和别人的差距，这种差距一下子就让自己很焦虑，就质疑以前自己的教育会不会太放松，担心孩子就输在起跑线上。而且孩子之间也会对比，会问"为什么别人都会，我不会，我也要去报兴趣班"。比如孩子刚上小学上英语课，读得直哭，班上三分之二小朋友幼儿园都学过。

一下子英语等培训班就集中报了，觉得身心疲惫。孩子做作业又慢，周末基本没有自由的时间。虽然希望孩子周末有室外活动的时间，但因为上兴趣班没时间去室外。不上辅导班也愁，上了也愁，很担心因为自己做得不够、做得不好，影响了孩子的成长。想让孩子有个快乐的童年，可在这个竞争性教育这么强的大环境里，却不得不受影响。（天天妈妈，民营企业主）

家长们之间的攀比主要在学业，以及围绕学业产生的"兴趣班"，比如英语、数学思维。父母会担心因为自己做得不够、做得不好而影响了孩子的未来，也会在不上辅导班愁，上了也愁中纠结焦虑。父母们被身边的"教育内卷"所裹挟，也主动或被动加入了这场课外补习的竞赛中，促使教育竞争逐渐从个体行为转变为集体化的社会行为。在这样竞争性的养育氛围下，"淘汰"与"失败"是悬在每个孩子头上的达摩克利斯之剑，也折射出家长内心的紧张与不安。

奉行自然成长的我，看到朋友家 5 岁的孩子能读少儿百科全书，能做 100 以内的加减法，会用英语表达日常生活中的很多场景，我陷入了焦虑，然后我想起在育儿书上读到的"陪伴孩子的成长就像陪蜗牛散步""孩子，你慢慢来"等理念，这些关于教育的理论我也知道，可当我看到别的孩子都赢在了起跑线，我陷入了焦虑。（豆豆妈妈，科研工作者）

在社会网络和社会互动中，父母总能有意无意地获取到市场化养育的信息，并形成了巨大的信息网络与压力。在社会比较中，也会质疑自己一贯的教育理念以及书本上学来的科学养育理念。具有相似养育理念和养育期望，面临相同社会结构的中产家庭，很难在阶层养育文化中保持自己的独立性。在社会比较过程中，父母们主动或被动地认同着专家话语和市场话语，既怕孩子"输在起跑线"，又怕孩子在教育的层层选拔中被淘汰出局，更怕孩子因学业的累积性劣势在将来的就业市场中处于边缘地位。担心因为父母做得不够好，而影响了孩子的前途，在这个过程中，父母的养育行为更接近"有限理性"，由于教养投入养成结果的历程很长，其中充满变数与不确定，究竟怎么做才是最好的并没有一个标准，而且也因人而异，于是，父母只能到处学习、模仿同伴、尝试不同的方式（蓝佩嘉，2019：33）。

> 我对孩子教育焦虑是从孩子进入小学开始的，孩子幼儿园上的公立，在国家反对幼儿园小学化的过程中幼儿园纯玩，我也没有让孩子提前学拼音和识字，结果孩子到了小学后，发现同班同学很多都已经完全掌握拼音并且认识大量汉字，还有的会用汉字写小短文，有的孩子会按照故事的意思画出很有意境的画作……这时候我才慌了，原来我家孩子已经落后了那么多。从那时候起，我才赶紧开始研究各种"鸡娃"的方法。（成成妈妈，医生）

家长作为教育投资的决策者，其在对子女的教育投资过程中获得信息的一个重要途径就是社会互动，特别是与其他家长的互动以及与子女的朋辈群体的互动（周东洋、吴愈晓，2018）。史密斯在研究爱尔兰高中学生的课外补习行为时发现学生所在学校的社会经济构成会影响其参加课外补习的情况（参见周东洋、吴愈晓，2018）。在中产阶级及以上出身的学生聚集的学校中，老师对学生进入高等教育的期望会更高并将这种期望传递给学生。在学校场域中，社会阶层和教育期望相互影响会形成一种"氛围"，史密斯称之为"热屋效应"（hot house effect），学生有着巨大的提升学业成绩的压力，在这种情况下，正规学校教育中形成的教育竞争就会导致课外补习的需求出现（参见周东洋、吴愈晓，2018）。在这种情况下，学生很容易受到同辈群体课外补习氛围的影响，如果他们不参加课外补习就会感到落伍和焦虑。

所以这些研究者意识到课外补习不仅仅是一种理性行为，在其背后还有着复杂的制度和社会心理机制（周东洋、吴愈晓，2018）。这样的教育竞争引导父母投入越来越多的时间与资金让孩子在同辈中保持竞争力。

阶层养育文化的形成与社交网络有密切关系。专家话语通过各类育儿书籍和视频号广为流传，核心是家庭的养育实践与儿童发展之间的相关关系。不论是中产阶层父母千方百计为子女争取择校机会，还是为了孩子教育而成为"全职妈妈"和"陪读妈妈"，抑或是课外培训机构的增多，还有网络空间围绕孩子的养育而不断涌现的舆论热潮，都制造出了一种要对孩子未来负责的想象——正如很多话语所传递的——"你的孩子未来怎么样，取决于你现在付出了多少"。这样一些现象经由互联网平台的传播，引发了巨大的辐射效应，很多父母开始追求"顶配"的童年，似乎这样才觉得自己是合格的父母。

社交网络的圈层主要体现在居住社区、同伴群体和网络媒体对养育圈的形塑。本书以微信群为例，来探讨养育文化是如何形塑的。微信群作为当下嵌入个体生活最深刻、最广泛的虚拟社群形态，是群体心态在建构和传播过程中不可忽视的结构性力量。

> 我加入了两个"鸡娃"群，这些群都是有门槛的，不是谁想加入就能加入的，需要群主的检验，也就是说你是需要有一定的资本，比如孩子是"牛娃"，或者自己有成功的经验或者资源可以和大家分享。在群里都是各种晒，最让我焦虑的是"别人家的孩子""别人家的父母"。群里会分享北上广名师的课件、各种高端营养餐、各种科学"鸡娃"经验分享、优质培训机构推荐、假期带孩子到处游玩等，这些群对我的影响主要有几点：最大的一点是，感到焦虑的母亲不是我一个，大家的问题都差不多，对策也无非那么几个；第二，"别人家孩子"的示范效应，因为我们这个群里有个孩子是进入央视诗词大会决赛的，还有保送清北的，

对别人家的孩子很敬仰，当然绝大多数都是普通孩子；第三是各种信息的获取，比如名师课程资料、社会新闻的内部消息，以及关于小升初、中考等各种升学信息等。（小正妈妈，高校教师）

育儿微信群通过"别人家孩子"的示范效应以及教育信息的传播和各类优质课件的分享塑造了一种集体的优越感，营造了一种精英式的养育氛围，同时也看到教育焦虑已然成为一种普遍的群体情绪，同时，也让父母看到教育焦虑不只是个人的问题，缓解教育焦虑的出路也是有限的。

我加入了一个幼升小微信群，看似是答疑解惑，实际上主要是帮助孩子规划教育的，包括怎样购买优质学区房、怎样选择义务教育的学校、各种高端学习资料分享等。经常在群里看到自己看不懂的词汇，各种超前学习，比如幼儿园中班开始怎么幼小衔接，小学怎样备战中考等，我也试图去模仿别人家成功的养育模式，但也感叹力不从心、身心疲惫。我发现这些群里各种成功的养育经验，无非就是两个核心：超前教育和高度教育参与。（好好妈妈，科研工作者）

长期在微信群的观察，已经让父母发现所谓的成功养育经验无非就是超前教育和父母的高度教育参与。父母试图模仿"别人的孩子"的成功经验，但也遭遇力所不及的挑战。有学者通过对"鸡娃群"的研究指出，家长加入"鸡娃群"后，卷入了更加激烈的教育竞争，情绪也从焦虑变为更加焦虑，家长自身、家庭内部、群内家长之间乃至社会中形成焦虑循环的"莫比乌斯环"（耿羽，2021）。

现在不仅是面对孩子的时候才焦虑，而且是每时每刻都有可能因为微信群里的一句话、一件事而焦虑。即便是在上班的时候，看见群里家长在讨论哪个辅导班好，哪个辅导班的老师是以前某某学校的教学名师等，心里就立即烦躁起来。晚上躺在床上看电视，瞄一眼手机，家长们又在讨论给孩子报名参加英文演讲大赛的事情，虽然我本来也没打算让孩子参加，但是看了之后还是会影响自己的心情。只要一天不退群，这种焦虑就永远摆脱不了。（成成妈妈，医生）

除了微信群，小红书、各类公众号等网络平台不断输出各类育儿文章，这些以中产家庭为原型的养育叙事，在中产家庭内部制造焦虑的同时，也激活了工薪家庭的养育挫败感与无力感，营造了焦虑的养育氛围。工薪家庭父母深受各类视频号的影响，在社会比较中深知自己的无能为力，很多网络流行语成为父母养育焦虑自洽的来源，比如"养得好就上缴国家，养不好就承欢膝下"等。

在工薪家庭的"无力型"养育实践里，我们同样看到了一种阶层养育文化，但这是一种放任成长的养育文化，致使父母和孩子都表现出对教育无目的感和无方向感。

正如英国纪录片《成长系列》（*Up Series*）一样，家庭背景对个体未来的社会流动具有重要的影响，这些孩子，从小生活在社会下层，身上具有他们的行为习惯和性格特征，很难跨入城市社会的中产阶级。（李老师）

这些学生普遍学习基础差、没有学习动力，不知道学习是为了什么。家长对孩子上大学没有强烈的欲望，觉得上不上都无所谓，他们的圈子都是那样的人。（王老师）

很多学生家庭经济状况较差，父母忙于挣钱，没有时间也没有能力辅导孩子的学习，他们表现出学习动力差、没有是非观、

缺乏自尊、不懂感恩。（杨老师）

不管是从历时性的角度来追溯，还是从共时性的角度来横观，养育从来不是一种纯粹的、内生的主体性行动，而是从少数人的自主选择行动经由个体与个体、个体与社会之间的交互影响，不断演化为覆盖相当规模社会个体、具有普遍意义的社会事实。这种社会事实既来源于个体，又游离于个体意识之外，成为具有独特属性和独立地位的社会实在。这种社会实在又反过来作用于个体，很大程度上决定或影响了个体的意识和行动（杨发祥、闵兢，2022）。从养育场域中，我们看到社会结构如何形塑了父母们的养育实践，同时，父母们在集体行动中又形塑着养育文化，这样的养育文化反过来又对个体形成了一种无形的约束力。人通过社会化而进入"场域"，在"场域"学习采取适当的行为。阶层空间的参照形塑养育价值的偏好，父母在定位自己的养育实践时，有意无意地以身边更优秀的人为参照点，一方面，确立群体归属，作为认同、模仿的对象；另一方面，他们透过对照、区分，强调自身做法的差异与高下。

第二节　家庭资本：阶层再生产的核心机制

家庭资本维度主要围绕家庭文化资本、社会资本和人力资本理论来解释不同社会阶层出生的孩子教育获得的差异性。布朗在研究学业成就的资本影响水平时，提出了"学业成就＝经济资本×人力资本×社会资本"的理论框架体系（吴重涵等，2014），家庭资本是导致阶层间养育实践分化的关键因素。

一　资本代际传递：文化惯习与策略选择

在教育竞争愈演愈烈的当下，家庭都高度重视子女的教育投入，不仅包括经济资本的投入，还包括社会资本、文化资本和母亲人力资本的投入。家庭资本的代际传递是指家庭的经济资本、文化资本和社会资本作用于子代的过程，也就是说，子代获得的三类资本与家庭拥有的资本之间存在密切关系。其中，文化资本的代际传递过程最为隐蔽，同时，文化资本也是维持社会阶层地位的重要工具。

（一）经济资本的投入

"家庭有资产，啥都不怕""衣食无忧才能科学养育"成为访谈中不同类型家庭的核心观点，印证了资产是养育中的最大底气。这里的资产特指家庭的经济资本，包括为孩子购置学区房、选择优质培训机构和兴趣班等，将家庭经济资本作为最重要的基础，家庭资产也为父母的养育提供了情绪和心理层面的支持。

> 我女儿在小学二年级的时候因为哮喘反复发作从成都来到 L 市上创新教育学校，学费一年近 3 万元，在这边租了一套两室一厅的房子，一个月 3000 元，孩子上了几个兴趣班，网球、钢琴、高尔夫，一个月大概 2000 元，从二年级上到五年级，考虑到孩子大一些还是要回到体制内，我们就回到了成都，成都的房子是一所优质公办学校的学区房，但孩子上了一年后就不想上了，不太适应公立学校的管理及学业压力，六年级就把孩子转进了成都的一所国际学校，学费和住宿费一年 18 万元，孩子爸爸很舍得对孩子的教育投资，孩子从小学二年级到 L 市上创新学校到现在初中一年级上国际学校，花费了近 100 万元。（沫沫妈妈，心理咨询师）

该案例是本书"反向型"养育实践的一个访谈对象，"反向型"养育实践是一些文化资本和经济资本丰厚的家长逃离主流教育，选择了以出国留学为目的的基础教育平台。这是 2025 年 4 月进行的补充调研，历时 5 年的一个追踪调研，让我们看到父母为了孩子的教育在经济投入上的不遗余力。

> 教培是我在养育孩子中踩过的最大的坑，有次一次性给两个孩子交过 12 万元的培训费，后来发现对孩子的成绩基本没用，就退费了，退回来 5 万多元。给孩子报学业辅导班，纯粹是我们家长在自嗨，以为交了培训费就是对孩子教育尽心尽力了。（阿柱爸爸，职业经理人）

案例中阿柱爸爸一次性投入 12 万元培训费，但效果甚微，反映出家长在高度关注学业成绩中出现的"试错成本"高昂。家长将经济投入等同于履行教育责任，忽视了对教培质量及孩子主体性的关注。不管是在中产家庭还是工薪家庭，我们都看到为了孩子的教育家长在经济上的高投入。

> 我儿子现在上初二，从小学三年级到现在已经花了近 50 万元了，主要都是补课费。我儿子从小学三年级就开始上培训班，数学、英语这些，一直坚持上，学校教育质量一般，特别是小升初数学考试的最后两道题，属于奥数题，如果不上培训班，学校学得再好这两个题也不会做，所以在课外培训班砸了很多钱。就这一个孩子，怎么都得全力投入。（强强妈妈，物业管理人员）

强强妈妈累计投入 50 万元补课费，核心动因是应对学校教育质量一般及"小升初"奥数题，这种投入本质上是对公共教育资源不足的补偿，家长用经济手段实现对优质教育资源的获得，形成"校内不足校外补"的补偿机制。

（二）文化资本的投入

文化资本用来解释为什么出身不同社会阶层的孩子会取得不同的

学业成就，广义上的文化资本包括：父母的教育期望、营造的家庭文化氛围（父母的阅读习惯、生活品位等）、参与的高雅文化活动（听音乐会、看画展、话剧等）、家庭和学校的关系等（李珊珊、文军，2021）。文化资本在中国社会有可能成为勾连家庭背景与子女学业成绩之间的一个强有力的中介因素，在未来的教育或社会分层问题研究中，文化资本的效应将日益显现（胡安宁，2017）。

与经济资源直接帮助子女获得优质教育资源不同，文化资本是通过提升子女学业表现来间接地帮助其获得教育优势。这一优势在中产家庭中体现得最为深刻，父母们基于自己的职业优势，通过为孩子谋划教育、做思维训练、学习方法引导、拓展社会实践领域、亲子共读、家庭学习氛围营造等方式，从学习环境和思维方式的塑造等方面提升孩子的学习能力。文化资本可以帮助子女在教育中获得优势。文化资本使得学生更容易获得教师和周围环境的充分认可和欣赏，帮助学生理解学校课程内容，与同辈群体的互动更游刃有余，更懂得争取自身的利益，更能充分地利用学校提供的各项教育资源（拉鲁，2010：270~272）。

> 我是做社科研究的，会引导孩子做小课题。先让孩子做课题设计，然后通过参与观察和访谈的研究方法，得出研究结论。我认为从小引导孩子做课题有助于培养孩子探究型思维。我最近在研究大语文，大语文的关键是广泛阅读，问孩子喜欢读什么样的书，根据孩子的兴趣爱好开展主题阅读，比如这个月喜欢探险的书，这一个月都读探险的书，下个月喜欢科幻的书，一个月都在读科幻的书，这样孩子知识的增长速度就会很有序。（好好妈妈，科研工作者）

> 我会让孩子收听"SN 得到"的一些课程，上面有一些"大语文"的学习方法，阅读、写作类的课程也让孩子上，上面的学

习方法非常前沿和科学。同时父母也会在"KS 讲故事"里让孩子听很多故事，从里面听了孩子就会主动找相应的书来看。在孩子学习方面，主要是学习方法的指导，比如就孩子的错题进行讲解，形成错题本。期末考试之前会用"思维导图"的方法把本学期的知识点串联起来帮助孩子复习。（毛毛妈妈，高校教师）

案例中好好妈妈通过引导孩子设计小课题以社会科学的研究方法培养孩子的探究型学习能力，这种实践不仅培养了孩子理论联系实际的能力，更培养了批判性思维和解决问题的能力。好好妈妈根据孩子兴趣进行主题阅读，既尊重了孩子的自主性，又通过结构化的阅读提升了孩子的知识储备。毛毛妈妈借助网络媒介为孩子筛选了优质的教育资源，拓展了孩子的认知渠道，并在学习过程中，引导孩子使用科学的学习方法，比如错题本和思维导图，这些互动打破了单向灌输，实现了文化资本的动态传递。

> 无论教育环境如何变化，不变的一点就是孩子教育永远都是在"拼爹"，只是"拼爹"的方式不同而已。在更早的年代，拼的可能是父母的人脉和关系；在现今的社会，拼的更多的是父母的钱包和"鸡娃"能力；而在不久的将来，拼的应该就是父母的眼界和格局。未来社会，也许不需要那么多精英，但一定需要更多的全人，与其一味给孩子灌输知识和理论，还不如教会孩子自我学习的能力、勇于担当的习惯、勤劳向上的价值观和乐观自信的性格，毕竟那些能陪伴孩子一辈子的品质才能更好地帮助孩子克服各种困难，活出精彩人生。（飞飞妈妈，大学教师）

对"拼爹"的解读形象揭示了家庭教育对孩子成长的重要性，父母会根据社会环境和教育政策的变化，适时调整养育策略，尤其是"双减"后的新时代，随着以 ChatGPT 和 DeepSeek 为代表的人工智能的发展，对孩子的教育也需要不断地转型，面临这样的新形势，更凸显了父母眼界和格局在养育中的重要性。父母认识到面向未来，成绩已经没有那么重要了，而孩子的逻辑思维、兴趣爱好、思维品质、深度思考的能力、学习能力等才是需要从小培养的。

当代中国的中产家庭父母通过各种途径保持和提升子女的竞争优势，父母在养育过程中不仅仅直接传递有形的文化资本，如给孩子择校、辅导孩子作业、安排课外兴趣班，也传递无形的文化资本，比如传递态度、品位和价值观。父母通过文化资本参与孩子的教育体现的是教育过程中的家庭优势。与经济资源直接帮助子女获得优质教育资源不同，文化资本是通过提升子女学业表现来间接地帮助其赢得教育竞争。家庭文化氛围和教育是地位获得最基本的条件，良好的家庭文化氛围转化为子女在学业上的优势，才有可能获得较高社会地位（仇立平、肖日葵，2011）。

中产家庭对子女的期待和养育反映出他们对自身条件和外部环境的反思和认知。从文化资本视角解释社会地位获得，说明即使在经济、社会、政治资本相对匮乏的条件下，逐步积累文化资本，也有可能改变社会地位，从而打破社会地位恶性循环再生产（仇立平、肖日葵，2011）。文化资本理论强调家庭文化资源和文化氛围对孩子教育期望和学习成绩的影响，相对于文化资本匮乏的家庭，文化资本丰富的家庭通常更了解学校教育的规则，也会投入更多文化资源，注重培养儿童的教育期望和学习兴趣，帮助子女更好地掌握学校课程、取得优异的学习成绩（布迪厄、华康德，2004）。

（三）情感资本的投入

家庭的情感投入能构建良好而亲密的亲子关系，而亲密的亲子关系不仅能为孩子提供接触和传承家庭文化资本与社会资本的机会，为孩子创造和谐的家庭学习环境，还能有效地为孩子在学校的学习生活提供助力。学者通过考察家庭在情感投入和经济支持两个维度上对孩子认知能力的影响发现，家庭的情感投入对于子女的认知能力具有显著影响，家长为子女教育投入的各种经济支持在提升子女的认知能力上没有取得显著的积极效果（卢春天等，2019）。

除了认知能力的培育，情感资本对非认知能力的培育也有重要作用。非认知能力（non-cognitive skills）这个概念也进入社会分层研究的视野，成为中产家庭父母养育叙事中的核心概念。非认知能力对个体的学业成就和在劳动力市场中的收入具有重要影响，得到了越来越多经济学家和社会学家的验证（黄超，2018）。非认知能力包括毅力、团队合作、领导力和人际交往能力等，都与个体的学业和未来成就有关。随着"非认知能力"被中产家庭熟知和认可，培养孩子的"非认知能力"也成为中产家庭实现情感资本代际传递，从而保持和提升阶层地位的重要面向。

基于此，本书将情感资本纳入亲子关系以考量养育实践，把父母能否为孩子提供情绪价值或者情感支持作为亲子关系质量的重要指标，作为父母能否影响孩子的重要维度。情感资本这一概念是雷伊在扩展和修正布迪厄的资本概念的基础上提出来的（Reay，2000），其认为情感资本同文化资本、经济资本一样会通过父母对子女教育的参与传递给孩子，并塑造出孩子的思维方式、性格禀赋和道德品质。Allatt 将情感资本定义为"具有情感价值的资产和技能、爱和情感、时间支出、注意力、护理和关心"，她认为，母亲对情感资本的掌握和运用胜过了父亲。儿童养育是一项复杂的活动，涉及养育实践、教育投入和情感工作（Reay，2000）。在教育竞争加剧下青少年心理健康风险增加，母亲们在养育孩子过程中越来越关注孩子的情感发展，希望通过与孩子建立情感联结来保障孩子在学业发展和心理健康之间的平衡，通过营造良好的家庭氛围、亲子关系和同伴关系等来促进孩子的健康成长。

我们班家长中硕士研究生及以上学历占了80%，这些孩子都有比较好的家庭教育和个人修养，学习的积极性主动性比较强，我们教起来也比较省心。你看我们班学习成绩好的，都是家庭很幸福的；成绩不好的，都是父母不咋管或者家庭不幸福的。这个阶层的孩子智商差距很小了，孩子的学习成绩受家庭因素影响最大，家庭的教养方式和情感氛围，以及家长对孩子教育的适度参与是决定孩子成绩的关键因素。（彭老师）

从老师的多年教育经验的总结中，我们也可以看到家庭情感氛围对孩子成长的重要性，孩子的成绩受家庭因素影响最大，而这个家庭因素包括父母的学历、适度的教育参与和家庭的情感氛围，这也是家庭情感资本的另一种表现形式。

相对于学习成绩，我更关注孩子的心理健康。我女儿今年小学六年级，她上幼儿园的时候总是很抗拒，那时候我们都是用强迫的方法送她去幼儿园，后来才知道孩子在幼儿园因为被老师边缘、被同学欺负而害怕上幼儿园，知道这些事情后，我特别自责，孩子经历了长达三四年的一个"叛逆"期，表现为食欲差、爱发脾气、不爱表达，那段时间我自己都快崩溃了，我开始学心理学，开始和孩子多聊天，让孩子每天回家都讲今天在学校的经历，关注孩子的情绪变化，学会和孩子共情，慢慢地，孩子开始乐观、自信起来，经历了这个过程，我对孩子的情绪安全和情感发展特别重视，身边厌学、自残的孩子太多了，我觉得家庭没有提供足够的情感支持是重要因素。不能逼迫孩子学习，不能强迫孩子做自己不想做的事，得尊重孩子的意愿和爱好，引导孩子怎样和同学相处以及处理同学之间的矛盾，怎样表达自己的感受和需求等，只有把孩子的情感理顺了，才能有好的学业成绩和身心健康成长。（豆豆妈妈，科研工作者）

我们看到妈妈们能及时觉察孩子的情绪，投入实践和情感陪伴孩子，避免逼迫、训诫等专断型养育方式，采用尊重、沟通、共情等朋友式的方式与孩子互动，通过尊重孩子的主体性让孩子自主决定学习安排、在家庭事务中尊重孩子的意见等具体的情感实践来保护孩子的情绪安全和情感发展。黄超（2018）通过实证研究发现，我国城市家庭在教养方式上的阶层分化主要体现在亲子的"沟通"维度而非对孩子的学业要求上，具体表现为城市中产阶层的家长更倾向选择"沟通"频繁的教养方式来培养孩子的非认知能力。

在普通工薪家庭，部分父母特别是妈妈们也努力学习养育知识，学着从情绪上和孩子共情，从情感上支持孩子，以更好养育孩子。

> 我原来在厂里上班，生了孩子后就辞职在家带娃，因为我知道孩子必须自己亲自带才能带好。我为了带孩子全职在家14年，全身心陪伴孩子成长，为孩子做饭，陪孩子上辅导班。我经常读一些育儿的书籍，尽量能用科学的养育理念养孩子，我只生这一个孩子，一定得把孩子养好。现在的家长"鸡娃"的多。得多陪伴孩子，多关注孩子的成长。（乐乐妈妈，物业管理者）

> 孩子上小学前，我们是按照传统方式，简单粗暴，不听话了还打骂，小学一年级下学期，孩子确诊了感统失调后，我们就带孩子看心理医生，我也报了心理学班开始学心理学，调整养育方式，说话都是面对面轻声细语，每天回到家要对孩子说出她的三个优点，来鼓励孩子。每天放学接到孩子都说孩子你辛苦了，妈妈想你了，你今天开心吗？会对孩子有很多拥抱，我们夫妻之间也会当着孩子的面拥抱，让孩子感受到家庭的温暖。现在养孩子难的不是物质，是孩子心理健康。孩子从幼儿园小班开始，坚持每天至少给孩子读一个故事，现在孩子已经学会了自主阅读。（诺诺妈妈，个体工商户）

通过以上两个案例我们看到，工薪家庭的父母也在努力习得科学的养育方式，通过关注孩子的情感和心理为孩子的成长提供支持。这些支持能够帮助孩子应对日常生活和学业中的问题，提升心理韧性和自我发展的空间。这些父母通过将高质量的养育转化为孩子成长的动力，达到在亲子互动中传递家庭资本的目的。

二　资本转化策略：要素组合与风险应对

家庭资本的转化指家庭通过调整经济策略、重构社会资本、再造文化资本和扩充社会网络等方式，将有限的家庭资源转化为支持子女教育的实际行动（谭敏、王伟宜，2025）。美国学者安妮特·拉鲁通过"家长参与"对子女教育获得的研究发现，家庭占有的资源不会自动地帮助孩子成长，父母必须通过他们的行动和决策"激活"家庭资本，才能转化成子女的教育优势（拉鲁，2010：109）。家长参与的视角将教养与儿童成就的关联从结构性视角转向了行动者的主体视角。

（一）中产家庭经济资本和社会资本的转化

有些家庭通过经济资本获得优质教育机会。优质教育机会在此主要指优质学校和课外培训班。社会资本是社会关系网络的规模、地位和范围，父母的社会关系能为孩子提供获得重要机会、信息和资源的途径（里韦拉，2019）。社会资本多寡决定着孩子的生活水平、教育资源、人际关系甚至是未来阶层地位（帕特南，2017）。

　　学校生源的家长主要是小区内部的，很多是看重学校才买房，来自政府机构、企事业单位，研究生以上学历的父母占了很大部分。小朋友一起玩是分层的，不是小朋友自己分层，是家长造成的。比如，如果我家是大学老师，会约父母职业类似、教育理念类似的家长玩，通过家长的对接，孩子就分层了。父母知识层面比较高、工作也比较好，经常互相去家里玩。还会有资源互换，比如有个小朋友父母是牙医，就会给这几个小朋友讲爱牙护牙知识，父母们的资源就这样整合传递给了孩子们。这些小朋友的表现就比其他小朋友突出。因为学校在小区里面，小朋友普遍都住这几个小区，所以交往比较多。小学如果读公办，一定要读公办里面拔尖的。（好好妈妈，科研工作者）

中产家庭部分父母通过寻求另类教育给孩子"换赛道"。在主流教育里，孩子就是要成绩好，这个赛道太单一了，成绩优异成为家长和孩子努力学习的动力和目的，竞争太激烈了，也把孩子的天性和多样性给磨灭了，我们想给孩子换个赛道，让他能够在个性和兴趣的基础上自由地发展自己。（乐乐爸爸，自由职业者）

父母通过购买学区房或者社会资本为孩子择校，以及部分家庭通过寻求"新教育"给孩子"换赛道"，从而构建起与养育观相近的养育圈层，这一"同类相聚"的特征，使得高社会经济地位的家庭的社会资本也同步拓展，他们从养育圈层中获取更多的信息资源和强有力的人脉资源，同时，通过养育圈层中家长信息资源和文化资源的交换为子女创造兼具了差异性和整合性的文化资本，进一步提升了子女的眼界与认知能力。

家庭在子女养育过程中不断拓宽文化资本的类型和范围，通过转换来促进资本的再生产和社会地位的再生产。从现在的学业、品位培养到对子女未来的期望，一些被访者用不同的叙述都希望子女超越自己或者自己这一代人的局限性。其中既有对自身文化资本和更激烈的竞争环境的焦虑，又有对子女可能达到的更美好的人生状态的期待：不仅希望子女的生活充满动力，甚至实现向更高社会阶层的流动，也着眼于一种丰富多元且保留着选择自由的生活方式。不管这些期待能否实现，重要的是它们反映出中产家庭对自身条件和外部环境的反思与认知。

（二）工薪家庭社会资本网络的激活

在工薪家庭中，家庭资本匮乏是导致其对子女教育有限参与，从而影响子女教育获得的重要因素。本书的研究发现，工薪阶层内部在子女养育中呈现了不同的模式，有的家庭由于家庭资源的有限，子女的学业成就更多依赖于自身的学习行为及课外培训班。同时，还有另外一些家庭通过家庭资本的动员、转化和运作来整合教育资源，突破自身的不利处境。林南的新资本理论同样不再单纯强调结构的重要性，而是关注"行动"与"选择"，即结构制约下的主体选择行为。

根据本文的案例，工薪家庭主要通过三种行动策略来为子女提供教育支持。一是教育外包。工薪家庭的父母没有足够的文化资本协助孩子学习，大多仰仗学校老师的教育和课外班的补习。和蓝佩嘉（2014）在台湾地区的研究相似，工薪家庭的父母们倾向通过教育外包来追求下一代阶级流动的梦想。在教育外包的过程中，工薪家庭父母通过多种途径积极与中产家庭父母建立关系，以获取优质校外培训的信息，从而不吝经济投入，为孩子选择优质课外培训机构，以助力孩子学业提升。二是通过亲友资源的整合利用为孩子获取学业支持或教育咨询。比如，通过亲属为子女提供远程学业支持。案例中飞飞一家，妈妈是医院的护士，爸爸是社区的电工，孩子的舅舅在华中科技大学读研究生，如果遇到孩子不会做的题或者在课外班的选择上和学校的选择上的问题，都会征求舅舅的意见，比如不会做的题拍照通过微信传给舅舅，舅舅通过视频通话来讲解解题思路。另一种模式是通过亲属在择校上提供支持。例如，苗苗的妈妈全职，爸爸做着小生意，孩子的舅舅是高校教授，在孩子小学入学时，通过舅舅的关系进入了一所当地的著名小学。工薪阶层通过激活社会网络资本，积极为孩子提供优质教育资源和教育支持，助力孩子学业与发展。三是关注孩子的情绪安全，为孩子提供充足的情感支持。父母重视亲子关系，通过为孩子提供情感支持和良好的家庭氛围及足够的陪伴提升孩子的内生动力。即使在不利背景的家庭中，父母正向的教养方式、积极的学业激励和良好的亲子关系等，都能显著提升子女的自我效能感，从而改善其学业表现。

部分工薪家庭子女看到父母的辛苦和不易，会萌生积极上进的内生动力，程猛（2019）对改革开放之后出生并进入精英大学的农家子弟，通过教育向上流动过程中的文化生产进行了深描，揭示了先赋性动力、道德化思维和学校化的心性品质在这一过程中的特殊意义。本书的案例也呈现了内生动力、有韧性的心理素质等品质在工薪家庭孩子中的独特呈现。

> 我不想过父母那样的生活，他们收入很低，每天工作时间长，工作强度大，而且还被别人看不起，我一定要努力学习，考高中，上大学，我希望自己以后做一名教师，有较高的收入和较高的社会地位，受人尊敬，每年还有寒假和暑假可以去旅游，生活悠闲而稳定，我喜欢这样的生活。（雯雯）

> 我非常想上大学，只有上大学才能改变我的命运，如果我现在和很多同学一样不学习，初中毕业以后读技校或者混社会，我的命运就会和我父母一样，所以，必须好好学习，上高中，我相信，凭借自己的努力，我一定可以考上大学。（强强）

> 我们老家一个村子只出过一个大学毕业生，他成了全村人的骄傲，他现在在一个大型的国有企业工作，听说收入很高，我也希望像他那样，我相信读书能够改变命运。（飞飞）

工薪家庭的孩子看到父母的忙碌辛苦，激发了通过"教育改变命运"和"好好学习报答父母"的认知，呈现较强的内驱力，以加倍的刻苦努力来提升学业成绩。老师们用"勤奋""自发""懂事""能吃苦"来形容这些孩子。面临相同的社会结构，不同的孩子呈现多样化的发展路径，让我们看到养育过程与孩子成就中主体性、能动性的因素。

（三）数字赋能教育的家庭差异

数字技能是指安全地使用电脑、手机等数字媒体检索、筛选、创造和交流信息的能力。对青少年来说，数字技能是该群体在数字时代必须具备的核心素养之一，是未来应对数字社会挑战的关键能力，决定着他们能否充分参与到学习、文化和社会生活之中。已有研究发现，家庭社会经济地位作为最基本的结构性因素，仍然是影响青少年数字技能的关键（朱晓文、任围，2023）。当下，网络媒介渗透进儿童的日常生活，如短视频、AI辅助学习、线上影子教育、各类电子学习资料与社群等，如何使用网络媒介获取信息已经成为信息时代社会分层的重要维度。本节主要从家庭经济资本、文化资本和社会资本的投入与儿童数字技能养成的关系进行论述。

有研究将家庭资本理论引入青少年数字技能养成，研究发现，高阶层家庭子女数字技能的培养是通过家庭为子女投入更多的经济和文化资本而实现的。在经济资本、文化资本和社会资本中，文化资本投入是最重要的中介传递机制，家庭文化氛围在形塑青少年数字实践的过程中起着更为关键的作用。父母对子女的经济投入和文化投入与子女数字技能的获得密切相关（朱晓文、任围，2023）。

在中产家庭中，家长对孩子的电子产品使用有严格的限制，比如周一到周五只有在上"网课"、查资料的时候可以使用，周末可以给孩子自由使用半小时到一个小时。也有使用电子产品失控的案例，但多数情况下孩子的网络使用行为是在家长的监管下进行的，且多利用网络媒介助力孩子的学习。

我给孩子报了阅读和写作课，每周两次，每次一个小时，孩子自己上网跟着读书、写作，这个课对孩子阅读文学经典和提升写作能力帮助挺大的。孩子掌握了一些阅读方法和写作技巧。以前觉得很难的写话现在都能很快很好地写出来。（毛毛妈妈，科研工作者）

而在工薪家庭的一次参与观察中发现，妈妈一有时间就看短剧或刷抖音，父母给 6 岁的孩子买了价值 2000 多元的学习机让孩子听故事，大一点的姐姐每天放学回到家就是抱着手机，做作业时候也会用手机搜答案，用手机打游戏，有次曾经因为一夜钻在被窝里玩手机被妈妈发现，妈妈一气之下把手机摔碎了。据孩子妈妈说，孩子每天只要闲着，就是手机不离手。带出去玩也只是换个地方玩手机，父母表示很无奈。爸爸因为工作忙，经常晚上八九点钟才能回到家。

孩子的作业我们很多都辅导不了，给孩子买了辅导作业的 APP，但这个 APP 每次只给孩子答案，不讲解思路，孩子下次遇到同样的题还是不会。有时候在家校合作中老师让我们写点教育心得之类的，我也不会写，就找人写。（菁菁妈妈，药店售货员）

家庭通过购买 APP 课程和付费代写教育心得，体现了经济资本在弥补教育资源不足中的作用。然而，经济资本的投入并未直接转化为孩子的数字技能提升。家庭在孩子使用媒介技术时，不能正确引导的关键也是家长自身文化资本的匮乏，同样体现了家庭文化资本和文化氛围对数字技能培养的关键影响。

（四）家庭资本在学校教育过程中的延伸

家庭累积的优势或劣势在向学校教育过程的延伸中，主要体现在三个方面：家校互动、老师的教育期待和儿童在学校的自我呈现。

首先，不同家庭的家校关系存在差异。在学校的组织方式方面，学校通过老师对家长的要求、家长在学校的参与和家校互动三个方面实现了家校合作。从家校互动来看，形式上并不存在显著的家庭间差距，但在互动的内容和质量上差距较大。中产家庭更加注重主动的家校互动，积极参与学校的各项活动，关心孩子在学校的学习及同学关系，更多地和孩子讨论学校和班级事宜，指导孩子遇到问题请求老师帮助及指导孩子与同学相处，家校互动频繁。而工薪家庭由于工作繁忙，以及受自身文化资本不足的限制，一般被动地接受学校安排，指导孩子按照老师的要求做，引导孩子好好听老师的话。

　　我们孩子学校家长进课堂活动开展得很丰富，家长们从自己的职业和特长出发，给孩子们带来职业体验或者某方面知识的讲解。我上周去给孩子们上了"自我管理及人际交往小技巧"，我觉得这对小学低年级的孩子很重要。平时也会帮助老师写一些文章，也是希望对班级有所帮助。（暖暖妈妈，科研工作者）

其次，不同家庭的孩子在学校中的表现有所不同，老师的预期也不同。在对 X 中学和 F 学校老师的访谈中，培养劳动者成为很多老师们的观点，面对孩子们的行为习惯和学习态度以及家庭的低参与，老师们也非常无奈，他们既看到个别学生的优秀上进，也看到一种文化特征。

　　我们也想考高中，但老师总说我们成绩差、考不上。（田田）

　　我想上高中，考大学，可我成绩不好，但动手能力强，老师说初中毕业了适合去学汽修或者电脑之类的。（伟伟）

老师的认可和鼓励对学生的自我期望具有重要影响。青春期的孩子正是自我价值观形成的过程，教师对学生教育的过程就是帮助个体不断调整自我的认同感，不断修正对自我的感觉和看法的过程，在这个过程中，孩子们似乎从老师们的预期中看到了自我发展的可能性。

> 有一些学生不爱学习，但头脑灵活、动手能力强，初中毕业后比较可行的路子是接受中等职业教育，学习汽修、电脑、茶艺、美容美发等专业，这些专业实用性强，收入也不错。（秦老师）

在这类家庭中，很多父母表示自己文化水平低，不知道怎么教孩子。孩子能完成基本的学业，跟别人差不多就行了。"我们父母都不行，也不指望孩子好到哪里去，差不多就行了。再说了，孩子有没有本事是先天定的，不是后天培养起来的。"在持"无力型"养育观的工薪家庭中，孩子能取得怎样的学业成就更多是先天赋予的，这明显不同于中产家庭的"托举"理论。问及是否有课外班，家长基本上否定，一是费用高，二是孩子也没提出这个需求，也没啥兴趣爱好，周末就是做作业，和朋友们出去玩或者帮助家里做家务。

行为习惯差成为老师们对"无力型"养育家庭多数子女的一个主导看法，老师也承认少数孩子非常优秀，爱学习、讲礼貌，他们很喜欢这样的孩子。但行为习惯差是多数孩子的表现，对于行为习惯差的原因，老师们也有深层次的看法。

> 这些孩子家庭经济状况较差，父母或者忙于工作疏于对孩子管教，或者父母觉得学习是孩子自己的事，孩子普遍表现出对学习没有动力。（付老师）

> 这些孩子受社会不良风气影响较大，不少孩子抽烟、打架。（张老师）

他们敏感，自尊心强，容易冲动，遇到矛盾倾向于暴力解决，性格处于两个极端，暴躁与自卑，愿望很多，但不能付诸行动。（方老师）

通过老师们的描述以及孩子在学校的学习表现，我们看到家庭资本的匮乏是如何在学校教育中延伸的，行为管教成为老师教育中的重要一部分，这也是工薪家庭与中产家庭子女在学校教育场域中面临的最大差异，这一方面源于工薪家庭经济资本匮乏引发的连锁反应，另一方面源于学校场域中所推崇的家校配合、家校沟通等高文化资本要求与工薪阶层文化资本匮乏所造成的断裂。

第三节 习性重构：养育主体的文化复制与能动重构

在布迪厄（2012）看来，人的实践行为既非像客观主义认为的那样由独立于人之外的客观结构所决定，也并非像主观主义认为的那样由人的主观意识所直接指引，而是由"习性"所引导的。在布迪厄眼中，"习性"既具有先天的因素，又不完全是先天的，而是在社会化的个人境遇中逐渐习得，并逐渐演变的"第二天性"。布迪厄（2012：84~89）认为"习性"与"习惯"不同，习惯是外部社会使主体逐渐获得的适应性，而习性却具有一种能动性，不断创造自己的新本质的特性，所以它具有生成性、建构性，甚至带来某种意义上的创造性能力（刘中一，2005）。个体总是受到其身处的结构环境的制约，又会以社会行动者的姿态，在环境中探寻自我的空间。本书的研究发现，阶层内部呈现的养育实践的差异主要是由养育者基于生命经验的"反思"产生的养育实践分化，这样的反思是一个基于个体的流动经历、社会经济地位、教育政策和对孩子的主体性评估而产生的理性选择的过程。

一 养育经验的代际迭代："显性断裂"与"隐性承袭"

纪莺莺、阮文雅（2024）通过以"农二代"城市新移民家庭的代际共育为经验研究对象，提出在代际共育中家庭存在对上一代养育观念的"显性断裂"与"隐性承袭"。该部分借鉴这一概念进行论述。总体来看，经历了代际向上流动的父母更可能采取世代断裂的养育实践，经历了代际水平流动的父母更可能承袭父辈的养育实践。布迪厄的阶层轨迹理论认为，不同阶层的惯习主要来源于出身家庭的阶层地位的差异，难以通过社会流动而完全消除。父母的养育方式除了与其现在阶层地位有关，还受到父母原生家庭的阶层地位和社会流动经历的影响。流动经历会提高家长对教养方式的理性选择，而流动方向会影响家长对出身家庭的教养方式的评判，这使得教养方式的阶层继承呈现非对称性的特征（田丰、静永超，2018）。因此，在解释个体行动时，要特别关注行动者的个人生活史，从而发现早期的经验是如何投射到行动者的行为和意识中去的。台湾社会学家蓝佩嘉通过对台湾父母教养实践的研究指出："看着充满无限可能的孩子，我们也试着弥补、疗愈自己失落的童年，同时，通过选择特定的教养方式，展现自我的认同与价值。因此，我们有必要了解父母如何理解自己的过去（童年经验、与原生家庭的关系）、如何走到现在（自身的阶级经验），形塑了他们对孩子未来的想象与期待。"（蓝佩嘉，2019）

（一）养育习性的"显性断裂"

当代父母普遍处于"密集母职"与科学养育观的指引下，有意识地依据"个体主义价值观"养育孩子，注重自主、平等协商以及社会适应性，刻意避免将父母养育自己的方式延续在子代的养育中，表现出刻意的反抗。借用纪莺莺和阮文雄观点，这种抚育观念的鲜明代际差异被称为"显性断裂"，"显性断裂"显示了父辈对于教养脚本的高度敏感性和反思性，体现着适应现代社会和实现阶层流动的迫切需求

（纪莺莺、阮文雄，2024）。出身于工人或农民家庭并实现向上流动的中产家庭父母，其养育实践显著与父辈断裂，更趋向现在所处阶层的养育方式，而不同于其出身阶层的养育。

> 以前的父母都是简单粗暴，把我们教育的是听话，但我们这一代的创造力也不行。我出生在军人家庭，经常和老公讨论，我不愿意用父母的方式对孩子。在这样的家庭里长大，不想让孩子也这样，很少有自己的想法，不知道自己喜欢什么，兴趣爱好非常少。希望孩子能有更多的自己的喜好和想法。（天天妈妈，民企经理）

这些经历代际社会流动的中产家庭父母，普遍在讲述中认为父母有很多教养陋习，试图"做个罩子把父母和孩子隔开"、"父母只参与孩子生活的照顾，教育孩子父母不能干涉"和"不想用父母对待自己的方式对待孩子"成为访谈中出现频次很高的话语。"不知道自己喜欢什么，没有兴趣爱好"，很多家长认为自己都是靠自己长大的，缺乏父母的陪伴，或者父母都是简单粗暴地对自己，疏离的亲子关系或者传统的家长权威让很多父母感叹没有真正的童年。

> 我和老婆都是从农村出来的，大宝小时候是我岳父带的，老人带孩子有很多我们不认可的方面，所以二宝我们就找保姆带。老人会在孩子没有消化问题的情况下给孩子喂"健胃消食片"，会过度帮助孩子做一些孩子本可以独立完成的事情。比如，孩子不小心摔了一跤，老人马上跑过来说这地板真坏，把孩子摔疼了，却从不认为是孩子不小心。我接受不了老人这样的养育方式，宁愿找保姆来带孩子。比如我们家买了三四千元的童书，这些书我还是比较看重的。如果被孩子撕掉了，我都会粘好放着。有次岳父带着小孩子撕书，我问怎么回事，他说小孩怎么高兴怎么来！

我想通过看书让孩子个性发展，老人把书当成废报纸；我把书当宝贝，老人把书当垃圾。还比如，老人经常哄骗孩子，对孩子乱承诺，比如今天你做什么，明天我就带你干什么或者买什么。这样的养育方式对小孩子很不利。为什么在带孩子上面，以自己带为主，最核心的因素就是老人身上负能量、负情绪太多了，要坚决做一个罩子把他隔离起来。（刚刚爸爸，公务员）

"不能像父母养育我们一样养育我们的孩子"成为这类父母的共性话语。向上流动的家长更加认同现在的阶层地位，更加乐意接受和学习与现在阶层地位相关的阶层惯习，更有可能对出身家庭的阶层惯习进行负面评价，有意识地偏离出身家庭的教养方式。他们也会将职场所积累的文化资本或专业技能作为养育方式的新的来源，模仿和学习目前所在阶层地位的教养方式。

我现在又开始给孩子挑书了，"双十一"买了有三四百元的绘本，都还没看。今天我又看到一个适合三岁到五岁（孩子）的好书单，我又加到购物车了，已经八百多块钱了……我自我剖析一下，我家庭是普通工人家庭，从小到大父母没有买过一本课外书给我看，我在十岁的时候在父亲朋友家看到一本故事书，那时觉得好好看。后来上高中我买了很多的书看。现在我觉得我虽然是研究生学历，但底子是空的，知识面很窄，还有就是可能享受过这波"读书改变命运"的红利。我现在对孩子有种"代偿"心理，也是通过孩子弥补内心的缺憾。（卷毛妈妈，医生）

父母的养育经验带有"重塑自我"的强烈意味，父母不想让孩子重复自己经受过的失落、挫败与孤独。不管是弥补自己内心的缺憾，在养育孩子的同时把自己内在的小孩重新养育一遍，还是通过养育孩子实现自己未曾实现的理想养育，经历了代际向上流动的父母都视养育为生活中的头等大事。

> 我儿子从小就是爷爷、姥姥姥爷和爸爸、妈妈一起混带，有
> 许多养育理念上的冲突，并且持续至今。冲突主要有以下几个方
> 面：一是老人喜欢惯孩子，对孩子的所有要求都无条件满足；二
> 是老人会有一些不好的习惯，比如随地吐痰，或者说脏话，孩子
> 学会了这些不好的习惯，让我很无语；三是他们不善于制定规则，
> 或把制定规则的事情推给我们。我反复和老人沟通，收效甚微。
> 现在带着老人一起学习心理学，希望老人能意识到自己的问题，
> 并且改正。（卷毛妈妈，医生）

这代父母在对自身生命历程的反思中，受"科学养育"思潮的影
响，建构了一套现代个体主义的养育观，这一体系以尊重孩子的自主
性、注重孩子的情感价值、与孩子平等沟通等现代观念为内核，对孩
子的培养，也为这代父母提供了"自我疗愈"与重构"理想自我"的
契机。当下父母在儿童养育中感受到的养育焦虑与"做父母难"或许
也在于，如何在时代巨变中平衡传统与现代：既要以新型养育行为化
解结构压力，又需在代际更迭间完成家庭伦理的创造性转化。

（二）养育习性的"隐性承袭"

经历代际向上流动的家庭呈现较强的代际断裂，对于这样的断裂，
不同家庭衍生出自己的应对策略。本节概括出三种应对类型：划清养
育界限型、适度妥协型和寻求第三方替代代际协作养育。

> 我父母原来都是教师，孩子是我爸妈带大的，我爸爸60多岁
> 了，还坚持去图书馆借书，最近就借了本《怎么带孙子》的书，
> 从书中学到了怎样带孩子的方法，以及怎样处理和女儿女婿的关
> 系。在和父母合作养育过程中坚持"谁管孩子谁负责"，就是说

谁带孩子谁就负责管好，其他人不许干涉，比如陪孩子做作业，我如果打孩子，其他人不许管。我爸妈不干涉我带孩子的方式。养育过程中也有不认可爸妈的地方，比如老人太溺爱孩子，包办孩子，帮孩子穿衣服，我就担心这样会影响孩子的独立性。其他方面都还好，总体还挺认可爸妈带孩子的方式。（馒头妈妈，小学副校长）

这是划清养育界限型的案例，在该案例中，在与父母合作养育中坚持"谁带孩子谁就负责管好"的理念，同时，老人也通过学习现代养育知识，实现了代际相互支持与认同。无论是强调和父母的区分还是对上一代的认同，被访者联结自身和父母养育实践的叙事反映出其对"科学性"和"现代性"养育的建构，将合理的教育期望、平等沟通、有效陪伴、参与孩子教育等维度视为更加符合现代性的养育实践。对于出身于中产阶层并保留在中产阶层地位的父母，其养育实践是在承袭父母教养方式的基础上不断优化。对于这类经历代际平行流动的父母来说，也就是父辈已经是中产阶层的父母来说，在代际合作养育过程中，就呈现了较多的合作与和谐，较少的冲突与矛盾。

毛毛从出生就是外公外婆帮忙带，因为老人的经验养育和自己的科学养育有很大差距，也一度引发很多养育方面的冲突。现在孩子大了，老人对孩子只是生活上的照顾，教育方面父母是被我们隔离的，一家人的教育理念应该大体一致，如果大人产生分歧，孩子就会无所适从。我们家教育孩子的事主要是我主导。（毛毛妈妈，高校教师）

在毛毛家，我们看到了另一种形式的划清界限，老人负责生活照顾，教育的职责交给妈妈，从而保持一家人教育理念的大体一致。在代际合作养育中，祖辈通过"生活照顾"进入家庭，但其传统权威与年轻父母的主导权形成张力，矛盾聚焦在"谁拥有教育决策权"，老一辈试图通过"惯孩子"得到孩子的认可，而年轻父母通过知识权威来建立养育话语权。同时，两代人在养育目标上有显著的差异，年轻父母将养育视为保持阶层地位或实现阶层跨越的重要家庭策略，祖辈更关注眼前的吃饱穿暖，平安健康长大就好，折射出两代人对养育儿童的目标的断裂。

> 在女儿的成长过程中，我基本按照"爱与自由"的理念带孩子，给孩子较大的自主性，较少规则和限制，因此和孩子外婆发生了比较多的理念上的冲突，比如，外婆认为孩子就要懂规矩、有礼貌，见到人要打招呼，不能想干啥就干啥，应该听大人的。但我认为，孩子有自己的思想，孩子有权按照自己喜欢的方式做自己喜欢的事情。外婆经常说我把孩子宠溺坏了，为此发生了很多矛盾。为了在理念上加深理解，我会转发一些养育类的微信文章给老人学习，有些方面自己也会妥协，不满意的地方能忍也忍了。（豆豆妈妈，科研工作者）

这是适度妥协型的案例，祖辈的养育理念多基于传统习俗、社会规范，其背后是集体主义文化对服从性和社会融入的重视。年青一代受个体化思潮影响，推崇"爱与自由"，强调儿童权利和心理学知识。两种养育模式分别植根于不同时代不同社会背景下，由于养育背后支撑性的价值观与知识体系不同，在代际合作养育中虽矛盾重重，但能相互理解，所以豆豆妈妈在一些养育实践中选择了忽略、默许，给老人一定的自主权。豆豆妈妈对此的解释是：

> 养育方式没有绝对的好与坏，让孩子在多元的家庭环境和教育理念下成长，说不定也能提升他们的心理韧性和包容性，给孩子打造一个"无菌"的养育环境也不现实。老人的养育行为也是

那个时代的产物，自己工作忙，让老人帮忙带孩子最放心，所以，必须学会妥协。

面对代际养育理念冲突而引发的矛盾，有的父母选择寻求市场化的保姆，比如前文提到的虎子爸爸，因为不满老人带大宝时表现出的养育习惯而在养育二宝时选择保姆；有的选择忍让妥协或者引导老人学习科学养育的方法；有的划定界限，比如老人只负责生活上的照料，教育由父母负责，或者按照"谁带孩子谁就负责管好"的原则。面对代际合作与冲突衍生出各种教养策略。

蓝佩嘉在描述台湾地区劳工阶层家庭的教养时，用了"我们没办法那样养小孩"（蓝佩嘉，2019）的教养叙事逻辑，表明工薪家庭教养呈现明显的心有余力而不足的无奈与挫败感。社会在看到工薪家庭养育孩子的局限性时，会指责他们情绪管理有问题、教养观念有偏差、打骂教育有什么用等，当我们注重这些应然层面的问题时，却忽略了他们也在努力做父母，"我们也想好好爱孩子，也用了好好说话、不打骂，可没用"。很多父母表示"衣食无忧才能好好养孩子"。

家庭的代际协作养育与家庭社会经济状况紧密相关。在对工薪家庭的观察中，很多父母描述了"不打不成器"的情况，表示"小孩子不都是被打着长大的吗""我们也不会给孩子讲道理啥的，打最管用呀"。同时，也有很多父母表示打了孩子也很快会后悔，可当时控制不了自己。

不管是中产家庭在养育观的世代断裂下衍生的多元应对策略，还是工薪家庭迫于经济压力与生活压力而延续父辈的养育行为，我们都可以从中看到传统养育实践在当下的传承与延续。虽有延续，但工薪家庭也承认"现在的小孩和我们小时候真不一样，得学会和现代小孩做朋友"的养育叙事。

二 反思性实践的生成：话语重构与策略创新

蓝佩嘉在研究台湾地区的家庭时发现，城市中产阶层在教养理念和教养实践的层面呈现"世代断裂"与"长辈上身"的现象。"世代断裂"是指中产阶层被访者强调自己的养育方式有别于父母当年的权威形象或打骂教育，将上一代的教养行为视为"过时的传统"，难以运用于"现代小孩"（蓝佩嘉，2019：53）。"长辈上身"是指养育者在教养实践中延续原生家庭的惯习，无意识地复制父母养育经验的现象。蓝佩嘉还基于此提出了"反思亲职"的概念，即父母会把自己的生命经验当成对象来看待与反省，从而定位自己的教养态度与实践，尤其当面临结构脉络与生命经验的不连续或断裂时，人们更倾向于与自我的经验进行对话（蓝佩嘉，2019：31）。本研究发现，养育实践作为一种"反思性"的亲职，在阶层内部由于父母的流动经历、对自身成长经历的反思及对未来社会的判断而形成了差异性的养育实践。养育习性的重构既离不开指向子女教育获得和未来社会流动的工具性动机，也离不开父母试图影响子女未来生活方式的长远规划。

（一）反思生命历程迭代重塑养育观

布迪厄践行实践理论的途径是反思。蓝佩嘉将亲职视为反思（reflexivity），她发现除结构位置之外，家庭的教育行动倾向还受到理念的反思性中介影响，换言之，除了父母的资本，家庭追求的价值和理念也会影响实际的教育行动。资本总量不高的家庭如有比较高的益品追求，亦可能发展出培育阶层流动力的教养方式（蓝佩嘉，2019）。

> 我的养育理念主要是基于对自身生命历程的反思和身边人的养育方式，我会不断反思自己的成长经历，从中总结经验教训，我会观察身边成长得比较好的孩子，看他们的父母是怎样带孩子的，并从中学习。我小时候都是靠自己长大的，父母都没怎么管

过，也没有得到足够的来自父母的爱。所以我现在除了工作，时间和精力都投入到带孩子上，要给孩子最优质的童年，包括爱、陪伴、亲子共读、亲子旅游等。我的成长经历和职场经历让我明白，对于一个孩子来说，健全的人格、人际交往能力和学习能力是最重要的，有了这些，一生都不会差。（虎子爸爸，公务员）

案例中虎子爸爸通过反思自己的成长经历，意识到父母在自己社会化过程中的缺失，尤其是情感支持和陪伴的不足，这促使他在养育过程中更加注重提供情感支持和积极参与孩子的成长。同时，通过观察身边成功的养育案例，学习并调整自己的养育策略，试图弥补自己童年时期的缺憾。他也基于自己的职场工作经历，认识到健全的人格、人际交往能力和学习能力对孩子未来的社会适应和成功至关重要。

养育孩子其实也是一个疗愈自我的过程。我小时候是在外婆家长大的，与父母很生疏，长大后和父母也亲不起来。所以，我现在特别注重对孩子的陪伴，表达对孩子的爱，觉得孩子其实不需要父母太多的指导，陪伴孩子一起成长就够了。（豆豆妈妈，科研工作者）

我们是在改革红利中成长起来的，当时教育回报率之高激发了一代人的努力进取，但现在不一样了，现在的孩子再努力都很难超越父母，所以也想开了，差不多就行了，让孩子做一些自己喜欢的事情，我们积累的认知和财富为孩子提供一个发展的起点就可以了。（土豆妈妈，高校教师）

通过学习养育知识、与身边人的交流，以及对社会发展趋势与职场经验的分析，中产家庭父母通过反思与想象，不管是与原生家庭养育方式的断裂还是优化，他们都在努力让自己成为"更好的父母"。

这类父母的核心特征在于：了解教育制度和教育政策，熟悉社会运行规则，自身具备一定的经济资本和文化资本，能有意识地树立养育目标，并且通过教育参与来"管孩子"从而趋近养育目标。

（二）在"全面竞争"和"内在幸福"的博弈中重塑养育观

养育观的差异很大程度上解释了阶层内部教养实践的差异，但养育观的形成与父母的成长经历、职业经历，以及父母面临的资源及约束都密切相关。父母对孩子的未来寄予何种期望，他们就会如何行动（德普克、齐利博蒂，2019）。父母通常会关心孩子当前和未来的幸福。父母的行为方式，包括他们采取的教养方式，可能反映了他们对这两个目标重要性的权衡。一些父母认为，童年应该是人一生中最幸福的阶段，因此应该主要帮助孩子享受它，而非为未来忧虑。与之相反的是，另一些父母认为，童年是播种的时节，而成年是收获的时节，父母应该引导甚至推动孩子为成功的成年生活进行必要投资。

父母们经常面临不同养育目标的博弈：是希望孩子快乐长大、自由探索还是希望他功成名就、向上流动。鼓励孩子独立自主、质疑权威、成为他自己，却又暗暗期待他们听话乖巧、自律规矩、为家庭着想。一方面，希望孩子有一个快乐的童年；另一方面，来自学校以及同伴的压力，使他们必须让孩子参加兴趣班、特长班等。面对这些多元养育目标的冲突，有些父母注重工具理性，着重培养孩子未来的竞争力和适应力，比如重视成绩、文凭、考证、技能等现实层面的需求；有的父母更强调符合价值理性的内在需求，比如快乐童年、身心健康或道德品格等心理层面的需求。父母们既重视孩子内在需求又想要主流评价体系的认可，就可能造成养育的矛盾与焦虑。

孩子上小学前，秉承的理念是童年应该有童年的样子，比较注重孩子的体育锻炼。上小学后，学习成绩和全面发展的要求赤裸裸摆在面前，到底是参加很多兴趣班，拓展自己，还是坚持身心发展，对这两种方式一直在纠结。最纠结兴趣班，有些东西也觉得确实应该学，但时间上没那么多。孩子爸爸以前特别注重体育锻炼，现在又觉得应该培养孩子的注意力。很多东西都想让孩子学，机器人、围棋等，英语、数学也不能放松，大家都在学，如果完全不管，也不行。当所有的方面都想抓，时间又有限，如何抓，如何平衡，就是问题。假期带孩子去检查视力，医生说再不注意就要近视了，每天要保证一个小时的户外活动，这些是我压力和焦虑的来源。有时候想想孩子很可怜，怎样取舍，很考验家长，对家长的心理是个很大的考验。别人在上兴趣班的时候，家长能做到放心让孩子好好玩，还不能让自己的孩子和别的孩子差距过大，对家长真是很难的事。（天天妈妈，民企经理）

如何在理想的养育与现实之间作出调和，如何在不同价值观之间作出选择，在培养一个幸福的孩子和一个成功的孩子之间平衡，其中的张力和矛盾也增加了父母的焦虑感和不确定感。养育理念和现实的差距让他们陷入养育的困顿，竞争性养育风靡，看似占据上风的中产家庭也对这样的竞争充满无奈。通过这些案例，我们也可以更好地理解现代社会中透过儿童养育所折射的社会矛盾。

我在微信里看到一篇文章，讲从小被父母精心安排学习与成长在教育焦虑中的孩子长大会面临很多心理困扰，出现焦虑症和抑郁症甚至自杀情况（的可能性大），核心的问题是缺乏支撑其意义感和存在感的价值观。我就在想，教育的本质究竟是什么？是让孩子成功还是让孩子获得幸福的能力？生命的价值和意义是什么？我们在决定怎样养育孩子的时候，得先去思考这些本源的问题。（豆豆妈妈，科研工作者）

现代社会将儿童养育高度功利化，强调"成绩""技能"等可量化的指标，这种逻辑源于优绩主义。部分家庭试图调和"幸福"与"成功"的矛盾，但结构性的压力，如升学制度和就业竞争使这种努力充满张力，家庭不得不在理想与现实间妥协。同时，社交媒体呈现的教育竞争也给家长带来压力，家长们被迫参与其中，形成"剧场效应"。挣扎在时代漩涡里的家长们与其说是在迷恋主流意识形态推崇的地位与成功，倒不如说是在践行一种存在主义的生活态度，别无选择时，只有正面迎击（关宜馨，2025：8）。

（三）观照孩子的主体性重建养育观

密集养育模式下家长对孩子过度关注，难免入侵孩子的主体性成长空间，使儿童缺乏自主性和自我意识，并导致儿童主动性的匮乏和独立性的缺失。儿童作为现代社会中有主体性的人，不是家长养育行动的被动接受者，而是家长养育过程中积极的思考者、感受者和行动者，尤其是对进入小学高年级和初中的儿童而言。教养方式研究的经典逻辑链条是"家长社会经济地位—家长教养方式—儿童发展"。从家长教养方式到儿童发展，中间缺少了关键一环，即儿童如何理解和回应父母的养育，这对儿童自身的行为和发展至关重要。为了从孩子的视角看父母的养育，笔者与五年级和初中二年级的孩子进行了交谈。

我在学习上有压力，周一到周五每天放学都要上一个兴趣班，周一晚上上英语课，周二线上课，周三也是线上课，周四是写字课，每周都盼着周五，只有周五是网球课，可以放松，每天在学校都感觉时间很赶很紧，每天晚上九点二十才下课，妈妈要求每天的作业都要在学校做完。每天晚上十点必须睡觉，回家没时间做作业。在学校，我是小组长，有时候课间要收作业，每个课间都很忙。有时候作业在学校做不完，一放学，妈妈让我快速吃完饭，在兴趣班课间的15分钟中途休息的时间用来做作业。（橙子，六年级）

当下很多儿童的生活被高度"组织化"，家庭、学校和课外兴趣班的三方协力使儿童自主游戏、自由玩耍与交往的空间被不断压缩，儿童的生活被安排、被组织，儿童可以自由掌控的闲暇时间越来越少，做一些自己喜欢的事也成为奢侈。

> 妈妈给我定了三条规则：不能吃零食，不能喝饮料，不能点外卖。妈妈每天都带着我跑步、打篮球、跳绳。跳绳都指定必须跳200个，每天跳两次。早上在家里跳。妈妈给制订了减脂的计划。我吃得多，所以需要运动得多。每个周末都会去游泳，游十来圈。以前认为爸爸妈妈制订的不吃零食不喝饮料（的计划）是错的，现在已经习惯了。刚开始跑步的时候，几乎每天都是跑着过去哭着回来的。现在已经习惯了。他们还严格地把我的手表、平板电脑收起来，只有周末才能使用。平板电脑只有在暑假才能玩一会儿，妈妈说为了保护视力。我爸爸是大学教师，家里的饭都是爸爸做，每天下午一放学回家，爸爸就把饭做好了，保证我一回到家就有饭吃，吃完饭运动、做作业，这样才能环环紧扣，啥都不落下。每天都是爸爸陪我睡，看着我睡着了，自己又去写稿，凌晨一两点才睡。每天早上起来又做早餐，在我的世界里，爸爸做的饭是全世界最好吃的。（温温，五年级）

该案例中，父母通过高度结构化的作息表（运动频次、饮食管控、电子设备使用限制）将儿童时间纳入成人预设框架，客观上压缩了儿童自主探索的空间。父母试图为孩子构建"纯净"的成长环境，这一系列安排体现了经济学的"成本—收益"法则。在这个刚性的成长空间里，我们也看到孩子对父母的情感认同，也看到了孩子对更多主体性的渴望。

国内外相关研究显示，父母过度参与孩子的教育会带来两重风险，第一重风险是父母的过度参与可能对孩子个体的自主性发展造成损害。

更多不被设计且无人看管的游戏时间，对孩子发展社交能力和培养自主意识大有裨益。过度保护和过度教育，反而会让孩子成为"脆弱的一代"。越来越多的学术研究将缺乏玩耍和成人后的焦虑、抑郁联系在一起。日益严重的青少年心理健康问题使我们应该反思教育体制和父母养育的方式，我们应该追问，童年的这种变化，可能会对青少年带来怎样的影响？研究指出，过度养育扼杀了孩子的创造力和独立能力，而且很有可能会抚养出一代缺乏个性或想象力的千篇一律的人，所有人的目标是去相同的大学，并获得相同的工作。第二重风险是高度参与孩子教育给父母带来的养育压力与焦虑会对父母的心理健康、职业发展等带来消极影响。父母如何拿捏养育过程中的参与度也是一个重要内容。

> 我以前养孩子很焦虑，总觉得父母如何养育会决定孩子未来的发展，就感觉自己成长中所遭受的缺憾都不能让孩子再重复，养老大的时候，我都是"照书养"，养得特别精致。养老二的时候，我没那么多时间精力了，就养得很随意，后来发现两个孩子的差异并没有多大，我反思了自己的养育，感觉其实只要尊重基本的教育原理，父母不用那么尽心竭力、高度参与，孩子有自己的成长节奏，而且孩子也不是以父母的意愿成长的，他们有自己的成长路径和目标，不是以父母的期待为原型的。（暖暖妈妈，大学教师）

> 在高知家庭中，家长有很多固化的成功经验，家长认为我们就是这么一步步走过来的，我也学了一些心理学知识，但其实治标不治本，语气改变了，隐形的控制一样没有少。父母只是表面的工作，给了足够的空间、时间，足够的民主，从来不打骂，但对孩子还是有很多的控制。比如，总是在催促孩子快点、快点，要迟到了；赶紧，抓紧等，孩子经常处于被催促、被要求的状态。

父母还会把老师传导过来的压力传递给孩子。平时跟亲戚朋友聊天中，对孩子的优质高等教育机会的渴望也表露无遗。父母接受不了自己的平庸，更无法接受孩子的平庸。（王老师，心理咨询师）

通过这些案例，我们看到，很多家庭在养育孩子的过程中有过主体性的迷失，由于父母与孩子之间的不对等地位，"儿童不是被动的服务接受者，而是有自身能动性的社会行动者。他们总是会以自己的方式去感受、认知、理解和阐释世界，并和成年人一起实现对社会生活以及童年自身的再生产"（程福财，2021；王芳，2021）。分析家庭的养育，需要正视儿童的主体性，从儿童的主体性来审视养育观，才能在家庭养育方式和儿童发展之间建立有效的关联。

小　结

德普克和齐利博蒂对于特定社会中的家庭间的育儿差异存在两类解释。第一个可能的原因是，育儿的社会经济差异主要由不同背景的父母对子女未来生活的期望和抱负。第二个可能的原因是，差异不是源于目标或期望，而是源于父母面临的约束。其中一个限制因素是不同经济背景的父母实施不同教养方式的能力可能会有不同，另一个限制因素包括可支配的金钱和时间（德普克、齐利博蒂，2019：165～166）。这两个因素在一定程度上解释了家庭内部教养实践的分化，但本文发现的另一个可能的原因是认知的差异，也即文化资本的差异，所以父母在养育策略中所调动的认知资源的分化也解释了养育实践的差异。

本章基于社会实践理论对不同社会经济地位父母养育实践的多元分化进行了解释，从养育场域维度揭示了儿童养育背后的时代性根源。从养育场域来看，选拔型考试制度、对优质教育资源的追求、教育回报率与新一代独生子女政策等激励了父母对孩子教育的投入，而学校的层级化与减负政策等又影响了家长的教育选择，反向刺激了家长的教育参与。从阶层养育文化来看，为了让子女实现阶层向上流动至少保持目前的阶层地位，城市中产家庭通过家庭资本的投入与转化，全力"托举"孩子，实现家庭优势的代际传递。工薪家庭受限于自身的各类资本限制，也通过寻求课外培训班、家庭社会资本的转化等方式为孩子积累文化资本。不同社会阶层所拥有的不同的客观条件，铭刻进阶层成员心里，化作了他们日用而不知的养育过程中的独特实践。作为习性下的养育实践，不仅强调了父母在养育行动策略上的区别，还反映了父母在养育实践过程中的价值判断、伦理立场和个人风格上的分歧。

　　社会实践理论是一种关系性的思维方式，布迪厄不仅连接了习性和场域，也连接了其各自的承载体。运用布迪厄的社会实践理论对阶层间养育圈层及分化的分析发现，对养育场域、资本、习性之间关系的阐述，使我们对养育实践和社会之间的关系获得了一种新的认识。首先，养育实践是在社会时空中发生的，同时也在不断再生产和修正社会时空。社会中家庭的养育行为受制于一定的时间维度和空间架构。一方面，家庭的养育行为复制了社会时空的模型；另一方面，这些模型是在人的不断实践中被"生产出来的"。其次，家庭的养育实践并非全然有意识的。家庭的养育实践有其目的性，但养育实践并不可能完全理性和有"控制"地进行，而是在养育实践中不断习得、复制、创造养育规则，而且这些规则成为多数人的想当然的常识，就变成了日用而不知的客观结构。最后，养育实践并非必然的社会现实和规则的复制，而是具有一定的"情境性"和"即兴发挥"的能动性。家庭会在社会结构的空隙下，通过自身的非常规行为获取策略性资源，比如本书中的"反向型"养育实践，来实现对结构的突围。

　　本章以布迪厄实践理论为研究框架，将家庭养育作为一种社会实践活动，认为家庭养育实践＝（养育）场域＋资本（经济资本、文化资本、社会资本和情感资本）＋习性（养育价值观、反思亲职）。承袭布迪厄流派的教育社会学研究，可以发现，无论是西方社会还是中国社会都存在养育困境。教育社会学领域的研究揭示了不同国家的精英阶层如何在子女的各个教育阶段通过教育投入帮助子女保持阶层优势或者实现阶层跃升。因此，我们尤其要关注弱势家庭的家庭发展能力与儿童养育资本。

第六章

养育实践的社会建构与路径超越

从社会学的视角研究养育对我们的启发在于，不同的养育实践没有好坏对错之分，因为每个家庭的养育期待、资源与条件、反思性能力不同，采用的养育方式也不同。我们要认识到养育所面临的结构性限制条件，以及不同父母在相似的结构性限制条件下所采取的差异化的养育策略，并将这样的养育策略放在更广的历史、社会与全球视野中来思考，同时探讨父母为了保持或提升下一代的阶层地位而采取的不同策略。

第一节　养育实践的社会学分析

通过对儿童养育历史与当下实践模式的分析，我们可以发现，当下城市家庭的儿童养育方式发生了显著的转变，不同阶层之间呈现方向趋同与模式存异的转变趋势。厘清儿童养育实践分化背后的转变逻辑与社会机制，系统回答儿童养育"是否发生变化""发生何种变化""怎样变化"等问题，有助于把握现代化背景下，不同社会经济地位的家庭在儿童养育中的共性和差异性，从而更深刻地理解中国家庭领域正在发生的诸多变化以及基本的转变方向。

一 历史演进中的文化基因：变革与承续

当代儿童养育模式在养育观念、教育方法及家庭互动层面经历了深刻变革。从养育观念演变轨迹来看，新中国成立初期，儿童定位以国家需求为核心，儿童被视为社会主义事业的储备力量，其个体发展需求尚未获得充分关注。在特殊历史时期，儿童成长环境受政治运动影响，呈现"成人化"倾向，革命身份认同掩盖了儿童作为独立个体的本质需求。直至改革开放后，随着"儿童优先""儿童权益保护"等政策的推进，科学化、人本化的儿童观才逐步确立。在这一转变过程中，发展心理学理论在教育体系中的广泛应用、西方现代养育思想的引入发挥了关键作用。在专业主义与消费主义双重驱动下，儿童被重新定义为遵循身心发展规律的主体，其健康成长需依托情感关怀与科学养育。家长接受专家指导，通过学习心理学知识提升沟通技巧，以构建新型亲子关系，并借助市场化教育产品与服务满足儿童多元化发展需求。

伴随着这样的历史进程，儿童养育经历了一个先私人化（养育责任从共同体到家庭）后市场化（养育方式从自然到专业化、精细化）的过程。儿童养育经历了从历史上的家庭养育到计划经济时期国家和家庭共同承担养育责任再到市场经济时期逐渐回归家庭然后到当下的主要依赖家庭。

在亲子关系方面，儿童的工具性价值衰落，情感性价值及儿童作为自主的个体意识得到提升。传统的亲子关系和养育方式在西方科学养育知识的传播过程中快速地被消解，亲子关系话语从父母权威基础上的亲子关系、协商式亲子关系转变为以孩子为中心的亲子关系，养育从传统的、基于本能和直觉的到现在以心理学和教育学知识为基础的科学养育。这一转变过程充满了传统与现代之间的冲突和博弈。

二　养育实践生成：结构限制与主体的能动性

城市不同社会经济地位家庭和相同社会经济地位家庭在养育模式上出现明显的内部分化，同时也面临多重不确定性和矛盾冲突。基于此，本书认为，从社会实践理论的视角出发，儿童养育是一个由场域、资本与习性形塑的过程性实践。在当下激烈的教育竞争中，教育期望、教育理念的传递、学校的选择、家长的教育参与等汇聚在一起，推动阶层间教养模式的分化。

在养育实践形成过程中，场域是重要基础，资本是阶层间养育实践分化的重要原因，习性是阶层内养育实践分化的根本原因。养育实践是动态的，是父母在养育孩子过程中根据场域、资本与习性的互动生成的。虽然养育主体在养育实践中发挥了能动性，但同时他们也是传统养育文化、教育政策和圈层文化的复制者与实践者。在多元分化的养育实践中，家庭的社会经济地位始终是一个最关键的影响因素。同时，父母的文化资本、养育价值观和多代教育传递也呈现第二梯度的重要性。不同类型的家庭养育实践在结构限制中呈现不同的情感投入、价值判断与行动逻辑。安超的研究也发现，日常生活的养育实践不是铁板一块，而是会随着社会情境、家庭经济水平的变化而变化，尤其是在社会和文化变迁剧烈的现代社会（安超，2021：19~20）。儿童养育实践在家庭社会经济状况这一客观的结构背景下，会因孩子成长、教育环境、社会变迁而呈现情境性、动态调整性。

父母的养育实践呈现多元性和动态性，其行动更接近"有限理性"（bounded rationality）。由于从养育投入到养成结果的历程很长，其中充满变数与不确定性，父母们不可能收集到充分的资讯进行判断，更难以确认单一目标或有用策略。于是，他们多半只能四处打听、模仿同伴、断断续续地尝试不同的方式。养育与其说是极大化利益的策略，不如说更接近降低风险与减少不安全感的摸索过程（蓝佩嘉，2019：33~34）。养育之所以成为社会再生产不平衡的机制，是因为它不仅涉及资源的多寡与竞逐，也蕴含道德价值、情绪安全的象征之争（蓝佩嘉，2019：35～36）。养育实践包含很多非理性因素，反映了社会和家庭的权力关系，无法从单纯的成本－收益角度来分析。养育涉及很多难以量化和言说的内容，比如通过孩子实现自己未曾实现的梦想、被需要的感觉、新的人生体验和身份认同等。总之，养育实践是养育主体在社会结构限制下的能动性、生成性实践。

三　亲职实践形态：密集母职与差异性父职

本书通过大量个案研究发现，在儿童养育实践中，密集母职与差异性父职并存。"一切为了孩子"成为很多家庭养育策略的叙事逻辑。社会对养育责任的性别化使当下的母亲承担了过多的教育职责。20 世纪 90 年代，美国社会学家莎朗·海斯在《母职的文化矛盾》一书中最早提出"密集母职"（intensive motherhood）的概念，成为讨论当代养育文化转型的开端。海斯将密集母职定义为"以孩子为中心、依赖专家指导、情感投入、劳动力密集和经济昂贵"的养育方式（邓林园等，2024）。根据案例中所呈现的母职实践形态，本书将母职实践大致分为三种类型。第一，对孩子的学业和成长进行总体规划的教育型母职取向。这类母职形态在中产家庭中居多，母亲们凭借自己较丰富的文化资本、社会资本和经济资本为孩子规划教育目标、路线图，并整合教育资源，以提升孩子的学业成就，促进孩子的全面发展。第二，协调资源以兼顾自我发展与儿童成长的个体化母职取向。这一类型的母职在养育实践中使用延展性策略，充分调动家庭资源和市场资源。母亲主要承担社会性抚育的教育职责，同时兼顾自身职业发展，把照料性劳动分包出去，从而减轻母职压力，实现效用最大化。第三，反思母职实践以重构理想母职的重构型母职取向。这一类母职实践在中产家庭和工薪家庭中都存在，母亲们在家长主义和教育竞争的主流教育逻辑下，曾经有过内卷和焦虑、迷茫，但在经历内卷或者对未来社会发展趋势进行判断之后，选择"鸡娃不如鸡自己"的新教育脚本，拒绝自我牺牲式付出，更多关注自我发展，给孩子更多自我成长的空间。

根据本书所呈现的案例，我提炼出三种母亲在儿童学业发展中的作用路径。首先，调动自己的社会资本，为孩子寻求最优的教育资源。比如，在孩子培训班、兴趣班的选择方面多方打听、多方比较，为孩子选择最优的培训机构。其次，母亲积极承担起联结家庭、学校和市场的责任，将不同类型的资本转化为孩子的学业成功。最后，母亲将自己在职场中积累的工作经验和策略转移到孩子的教育竞争中，为孩子安排学习生活，以自己的知识和技能帮助孩子在校内和校外培训中取得优势。对中国母亲来说，"好母亲"的养育方式已经从满足物质和身体需求转变为引导、支持孩子在教育竞争中取得学业成功。做个好的教育者已经成为中国社会"好母亲"的标准之一。虽然教育事务的支持成为母亲重要的新责任，但经济支持和对孩子日常生活的照顾仍然在母亲的责任清单之中，构成了中国社会中母亲的三重规范（金一虹、杨笛，2015；肖索未，2014；吴小英，2020）。在这个过程中，目前母亲从以前生活照料者的角色转变为集照料劳动、情感劳动和认知劳动于一体的复合型母职。

在履行这样一种复合型母职的实践中，工薪家庭和中产家庭中有很多母亲面临力所不能及的养育低效能感。杨可在《母职的经纪人化——教育市场化背景下的母职变迁》一文里指出，劳工家庭要花很多时间满足生存的竞争，他们没有闲暇时间完成这种模式的母职。当母职变成一个内卷化的要求时，它越来越精细，要求母亲付出的时间越来越多，任务也不断升级、日益密集。而劳工家庭的母亲可能忙得连看管都做不到，何谈后续的有规划要求的需要投入大量精神的付出（杨可，2018）？这种理想养育脚本让资源不足的养育者陷入自我怀疑、困窘、焦虑等不安情绪里，担心自己做得不好，影响孩子的未来。在这样的养育焦虑下，母职变成越来越辛苦、昂贵、困难的任务，年轻一代越来越迟疑是否要成为父母，甚至不想进入婚姻。在当前的趋势之下，母亲必须密集性地为孩子投入时间和精力成为一种理所当然的选择，如果做不到好像就是母亲个人的问题，会引发强烈的负疚感。在这样的压力下，很多母亲被迫选择从职场退出，或者调换工作岗位，从而腾出更多时间用于孩子的教育。这对女性的职业发展造成一定影响，同时也使很多母亲对生养"二孩""三孩"望而却步。

当密集母职作为一种复合型母职且母职焦虑作为一种社会现象时，父职呈现的是一种差异性样态。父职实践在不同社会经济地位家庭中呈现显著差异。在中产家庭中，多数父亲能参与家务及儿童的抚育教育；在工薪家庭中，父母间的养育分工遵循传统的性别角色分工。"男主外、女主内""男人负责赚钱养家"成为主流叙事。父亲的职责主要是养家，孩子的日常照顾、作业检查、兴趣班安排大部分落在母亲肩上。"父职缺席"与"丧偶式育儿"成为多数工薪家庭的养育样态。蓝佩嘉（2019：148～149）对台湾地区小学生的家庭养育研究发现，中产家庭的规划栽培任务也往往落在母亲肩上，父亲多扮演"养家者"角色，负责提供经济资本，而母亲则需要通过自身文化资本与社会资本积累来辅助孩子的培养，包括吸收新知、建立人脉、统筹规划孩子活动等，甚至被要求在孩子学习时陪同上课。这种在儿童抚育中出现的亲职差异需要进一步探讨。Cabrera Natasha 研究发现，与工薪家庭相比，中产家庭的父亲角色范畴更广泛，已由传统的"养家者"转变为养育和照护人、休闲与娱乐活动陪伴者、道德与纪律指导者（针对孩子）、情感支持者与家庭事务支持者等多重角色（刘程、廖桂村，2019）。家庭中父亲的角色和功能不仅对儿童的认知和行为发展具有重要意义，而且对促进性别平等和女性的生育意愿具有重要作用。在工薪家庭中，如何重构父职，成为一个需要关注的议题。

四　阶层分化机制：资本区隔与习性形塑

城市不同社会阶层家庭在养育实践中呈现"方向趋同"与"模式存异"特征。方向趋同指的是不管在工薪家庭还是中产家庭中，都呈现协作培养的养育形态。模式存异指的是在不同阶层间以及同一阶层内部，呈现养育模式差异较大的分化样态。

在方向趋同方面，从养育实践的表面上看，城市中产家庭和工薪家庭都呈现一种类似的养育模式，即协作型养育，都重视孩子的教育成就，强调亲子陪伴，积极为子女报各种课外班等。但两者在养育质量上差距较大，首先是家庭文化资本的投入。中产家庭自身丰厚的文化资本使其可以为孩子提供学业辅导及学习资源。比如，父母会把有效的学习方法传递给孩子，而工薪家庭在学习方面更多依赖培训班。其次是养育方向的培养。相比于工薪家庭父母，中产家庭父母更注重对子女非认知能力的培养，更多进行"杂食性"培养，而工薪家庭的培养方式是以学业成绩为主的"单食性"培养。不同家庭的家长非常关注孩子的教育，希望孩子通过文凭在社会竞争中拥有较高的社会经济地位。然而，中产家庭和工薪家庭的差异体现在，前者在自身通过教育实现阶层跃升的过程中越发意识到当前个体的社会竞争力并不仅仅取决于成绩所代表的智力因素，还涉及与人沟通合作的团队协作能力、处理人际关系的能力、抗压能力、管理情绪的能力和不断学习的内驱力等。因而他们相较于工薪家庭更重视对孩子综合素质的培养，特别是对孩子情绪和情感的关注。中产家庭和工薪家庭的养育目标和教育参与存在一些相通之处，都希望孩子通过教育实现阶层的跨越或者至少保持现在的阶层。带着这样的目标，父母尤其是母亲高度参与孩子的教育，虽然参与的方式有所不同，但都借助课外培训机构（质量有差异）提升孩子的学业成绩。工薪家庭中，父母对孩子的学业成绩也同中产家庭一样有很高的期望。中产家庭父母的养育实践经过社会传播后形成一种养育文化被工薪家庭父母习得，他们也依循这样的养育方式履行责任。中产家庭和工薪家庭都有相当一部分为了孩子的教育而选择全职带娃的母亲。

在模式存异方面，阶层间养育实践的差异主要是家庭经济资本和文化资本造就的，阶层内养育实践的差异主要是父母的社会流动经历和主体反思性所形成的教养价值观之间的差异。从养育实践的三个维度——养育期望、教育参与和亲子关系来看，阶层内养育实践呈现不平衡性。同一阶层内同一种养育实践类型的家长在这三个维度上不一定具有同步性和均衡性，存在高教育期望和低教育参与度，或者高教育参与度和低质量亲子关系等。比如，访谈中遇到这样一个案例：夫妻俩都是重点大学本科学历，有足够的文化资本和时间资源参与孩子的教育，但夫妻俩经常当着孩子的面吵架、打架，且因为打架成为派出所的常客，家庭氛围很差，孩子比较胆小自卑。这个案例让我们看到，即使文化资本丰富的家长，也会因为夫妻关系影响到亲子关系，从而使孩子的养育成效打折。同时，同一阶层家庭内部的差异性超过了阶层间的差异性。由此可见，现实中家庭养育实践的阶层差异性要比阶层二分法复杂得多。

五　养育实践分化结果：社会流动与儿童发展

养育实践分化是影响社会流动与儿童发展的重要因素。研究发现，家庭的社会经济地位、文化资本和社会资本的差异成为教育运作与阶层再生产的核心。其一，在教育空间的竞技场中，教育期望、教育理念的传递、学校的选择、家长的参与实践等汇聚在一起，推动阶层间和阶层内养育实践的分化。当下孩子所受教育的差异不仅仅是学校质量的差异，更多是家庭中日常养育实践的差异。其二，不同的养育实践与家长的教育期望、家长的职业与社会流动经历、家长面临的约束（资源、金钱、时间和能力）以及对未来社会的研判密切相关。其三，不同类型养育实践与家长的认知或教养价值观密切相关。面对相似的外部环境（教育制度、社会结构等），父母从如何看待自己的过去（原生家庭、学校教育等）、如何走到现在（工作经验），来评价他们认为的理想养育策略或养育取向（工具理性还是价值理性）。在激烈的教育竞争中，家长成为教育运作的核心。这既为学生发展强化了家长能量，又给教育机会均等的理念带来挑战（沈洪成，2020）。这样的教育再生产模式的新变化强化了家庭作为教育再生产的轴心地位。父母参与在代际资源传递和阶层再生产的过程中扮演重要的中介角色，家庭已然成为影响教育的关键性变量。甚至可以说，这或许意味着个体竞争时代的结束和家庭竞争时代的开始（雷望红，2020）。

家庭教育参与机会的不均等会加深社会再生产的过程，具体表现为社会经济地位较高的家庭可以通过家庭教育参与获取更多的教育资源去维持其既有优势。弱势家庭面临着各种各样的限制和制约，因此从家庭教育参与中获益甚微，这可能会引发不同社会经济地位的家庭在养育实践中的分化持续加大，从而对儿童的发展形成累积性的优势或劣势，长期的分化趋势会对社会流动产生影响。

《中国民生发展报告2013》的数据显示，中国的城乡收入差距在缩小，而城乡内部家庭之间的分化在加大（谢宇等，2013）。与此同时，中国年轻一代的个人发展机遇与其原生家庭的关系越来越密切，亲代向子代的资源转移（如提供住房、经济资助、在子女抚育和家务上的帮助）越来越普遍（马春华等，2011）。如今，家庭中的个体性因素，如家庭结构、家庭经济资源、文化资本、父母参与等，已经在不断改变中国社会分层和流动的现实（张春泥，2019：177）。这些趋势很可能导致未来中国家庭结构、家庭资源等个体性因素对社会分化和社会流动的贡献有所上升。

养育实践分化也有因过度养育或忽略型养育对儿童心理健康产生影响的可能。《中国国民心理健康报告（2019—2020）》指出，2020年中国青少年的心理健康素养达标率仅为14.24%，抑郁检出率为24.6%，且随着年纪的增长，青少年的抑郁检出率呈明显上升趋势，中学阶段的抑郁风险显著高于小学阶段（傅小兰等，2021）。儿童心理健康已经成为当下社会面对的重要议题。通过与家长、老师的访谈，能够感觉到家庭对儿童心理健康的重视，并且看到父母所做的努力；通过与儿童的交谈，了解到他们的成长环境带来多重压力。从儿童的视角出发，发现儿童的心理压力主要来自三个方面：一是家庭的高期望、高控制或低期望、放任自然成长；二是同龄群体的竞争压力与课外补习的压力；三是校园霸凌。这三个因素是导致当下儿童出现心理健康问题的主要来源。

通过对本书已有案例的分析及与心理咨询师的访谈，我发现有四个方面的原因导致儿童出现心理健康问题。一是快速社会变革引发的代际价值观断裂。台湾学者蓝佩嘉用"压缩现代性"来解释儿童养育问题。她指出，台湾只用了 30 年达成经济起飞，在压缩的时间内经历了大规模的经济与文化变迁，因而造成不同时期文化（如传统、现代与后现代）的并置或重组，以及不同空间的异质元素交织互动，这样的社会背景使台湾社会"拼经济"的惯习持续影响了如今"拼教养"的方式（蓝佩嘉，2019：26）。这与大陆有一定的相似性，这样的方式造成了父母"拼搏追赶"的心态，形塑了父母的教养偏好。二是家庭功能的异化。多重角色转移到家庭，父母表示难以承担现在的养育职责。父母只能随大流，别人报班自己也给孩子报。如果不随大流，他们就会感到不安。父母或者难以把握参与孩子教育的度，或者不知道怎么去引导孩子，总担心自己做多了或者做少了，影响了孩子的成长。妈妈焦虑，爸爸缺位，孩子的教育成为全家情绪的风向标。三是对孩子主体性的忽视。现在的孩子物质丰裕，即使工薪阶层，也是衣食无忧的。孩子就开始去反观自己的人生，"能够牵连他们精神世界的问题太少了"是咨询师常说的一句话。父母对孩子究竟喜欢什么关注甚少。父母主要关注孩子的学习，聊天的话题也围绕学习展开，而孩子可能喜欢游戏、赛车等，但孩子的喜欢得不到父母的支持，孩子就会拒绝跟父母沟通，造成亲子间的隔阂。四是家长把自己的焦虑传递给孩子。父母隐性或显性地把自己的焦虑放大，将对孩子未来接受良好教育的渴望及各种担忧传递给孩子。

面对可能存在的儿童心理健康风险，母亲们高度重视孩子的情感发展，努力与孩子建立平等的亲密关系，同时兼顾孩子的学业成就。这样的情感投入同时对母亲们自身的情绪和心理健康造成了压力，形成了一种焦虑不安的家庭氛围。

第二节　政策创新的多维进路

中国式现代化的实现依赖高素质的下一代，这一人口治理的目标，最终要靠家长们科学理性的养育方式来实现。通过对不同阶层、不同养育模式下家长在养育实践中面临的困境的分析，可以从以下方面为家庭养育提供社会支持与政策支持，包括通过深入挖掘传统养育智慧，实现现代性转化；通过构建多元评价体系，鼓励多元化养育；重塑养育观念，倡导做"园丁式"父母；重构父职，实现父母共同参与儿童养育；多元发力，构建弱势家庭养育支持体系。通过多维进路实现儿童养育质量的提升，有助于实现人口高质量发展。

一　文化整合：传统养育智慧的现代性转化

在现代化进程中，中国传统养育理念与现代养育观念的碰撞一直在持续。当下的父母，特别是中产家庭的父母，并不完全赞同传统的养育理念，同时，他们对源于西方的科学养育话语在本土情境下的适应性也持怀疑态度。父母们更希望在传统中式和西式养育形式之间取得平衡，试图同时培养孩子的集体主义价值观（如社会适应性、合作、同理心等）和个人主义价值观（如独立、自由、平等等），以实现尊重孩子的主体性和良好的社会适应性之间的平衡。通过对我国儿童养育方式的历史变迁的文献梳理，我们发现传统中国的很多养育实践在当代得到延续与发展。五千年华夏文明，塑造了中华民族独特的精神品质，形成了"修身、齐家、治国、平天下"的传统家庭教育思想。随着社会的转型和发展，家庭教育需要有一个传承与扬弃的过程。当下养育思想主要受到西方科学养育理念的影响，这样的理念因缺少必要的文化根脉和社会经济发展基础而存在适应性问题，出现了多种养育观点，家长在面对不同流派的养育言说时，反而不知所措。如何重建中国家庭教育知识体系，如何在传统养育与现代养育之间寻找到平衡点，如何从传统优秀养育文化中实现传承与扬弃，使两者不再是一种二元对立的关系，而是吸纳、融为一体的关系，是缓解家长养育焦虑的出路之一。

传统养育文化以"亲缘共育、重视母教，以德为本，修身齐家"为核心特征，应对当下的养育焦虑需要深入挖掘优秀传统文化基因，以承担知行合一、家国同构的共育责任，减少西方养育文化与中国本土养育环境的隔阂。一是持续推进儿童养育共同体建构，也即"群育"实践。在人类社会长久的发展历史中，多人照护（multiple mothering）、亲缘共育是儿童成长和社会化的重要社会背景与历史传承。亲缘共育的特征是养育主体众多和养育资源共享。尤其是在中国的传统大家庭中，五服之内皆为养育者，祖辈、父母、妯娌、兄嫂、姐妹、邻居广泛地参与看护和教育。兄长、姐姐等除了是直接的生活照顾者，还是成人世界道德观念向下传递的重要中介，是儿童重要的成长力量和信息交流渠道。这样的养育环境对促进儿童成为一个社会人具有重要的意义。通过对中产家庭"反向型"养育中以新教育为主的养育实践的探讨，我们看到家庭间的互助养育和交融型教育社区的探索性实践，这一传统"群育"思想得到现代父母的认可与践行。这样的养育实践为"原子化"的父母提供了养育的社会支持，既能缓解家长的养育焦虑，也能为孩子的成长提供多样化的环境。这一实践将传统"群育"重新带回家庭教育。有学者指出，"群育"能够消解现代社会儿童"权利索取的理所应当"，能够逐渐恢复传统家庭文化中朴实的伦常关系、仁爱之心，帮助儿童在群体生活中形成合乎道德的智慧和应对能力（郑新蓉，2015）。二是传统"以德为本，修身齐家"养育文化的延续与传承。传统养育文化主张"蒙以养正"，注重儿童早期品性塑造，如诚实、节俭、勤勉等。道德教育优先于知识灌输，强调做人先于成才。当下的儿童面临重智育、轻德育及"原子化"的困境，需要将家庭伦理扩展至社会责任，树立"家国同构"的理想信念。

二　评价革新：构建多元评价体系

2018 年 9 月 10 日，中共中央总书记习近平在全国教育大会上首次提出"培养德智体美劳全面发展的社会主义建设者和接班人"①，为新时代教育应"培养什么人"指明了方向，也为家校之间开展合作明确了目标。当今社会是开放、多元的社会，对人才的评价逐步转向对综合素质的考量，以成绩定成就的窄化思维已不适应当前注重综合素质发展的人才评价观。2020 年 10 月，中共中央、国务院印发了《深化新时代教育评价改革总体方案》，提出改革学生评价、促进德智体美劳全面发展的具体要求。这不仅有助于学校扭转以学业成绩为主导的教育评价导向，还有助于消除家庭的"唯分数"观念。

本书的案例让我们看到，有的家长对体制内教育不满意，去寻找新教育的可能，但也在不断地选择学校过程中感受到"没有理想的教育"。体制内教育让所有的孩子以相对整齐划一的模式集体成长，创新学校提供了个性化成长的可能，这也呈现了当下中国社会对多元价值的渴望。然而，如果我们期待创新学校成为中国教育的"世外桃源"，或者解决各种教育问题的工具，那也落入了理想化的窠臼。其一，创新学校只是极少数具备一定经济资本和文化资本的中产家庭及以上群体才可获得的教育，并且需要父母职业、在地社区和教育制度等周边环境的配合。其二，创新学校没有固定的课本与教案，难以形成系统化的知识体系，对教师的教学能力和热情提出足够高的要求。如果教师流动，整个教学就会受到影响。如果孩子未来想进入体制内读初中或高中，知识的衔接是否顺利也是需要面对的问题。其三，创新学校也不是理想的教育。有的家长抱着对创新教育的理想化期待进入创新学校，发现种种弊端后果断离开。创新教育不是完美的教育，

---

① 《习近平：培养德智体美劳全面发展的社会主义建设者和接班人》，https://www.gov.cn/yaowen/liebiao/202408/content_6971627.htm。

也是在解决各种矛盾的过程中不断探索前行。家长需要接受每种教育模式都是基于经济社会发展阶段和国家发展需要设置的，有其先进性也难免有弊端。当下最紧迫的是建立一个综合性教育评价体系。

根据已有文献研究，高社会经济地位家庭的子女养育模式从儿童全面发展角度来说并不必然优于低社会经济地位家庭。既有研究更多关注家庭养育与儿童学业成就之间的关联，对儿童的道德发展、心理韧性、人格与社会性发展等问题方面的影响并不均衡。比如，从密集型养育对儿童青少年发展的影响来看，这种密集型的养育方式对孩子的身体-心理健康、认知-学术能力、社会-情感发展有着积极影响。家庭投资模型（Family Investment Model）认为，父母在养育中投入的人力资本、经济资本与社会资本对孩子的发展具有重要影响，高社会经济地位的家庭和低社会经济地位的家庭在这些投资上的差异是导致儿童发展差异的关键原因（邓林园等，2024）。但同时，学者们更多提及父母过度参与可能带来的消极影响。有研究发现，仅当父母对家庭作业的辅导被子女认为具有支持性时，才与子女的成绩呈正相关，但当父母在辅导过程中被认为具有侵入性和控制性时，他们的帮助与子女的成绩呈负相关（Craig et al.，2015）。父母的过度参与会让孩子处于一种脆弱和被动的状态，失去独立性和创造性，不会管理和安排自己的生活（Locke，2014）。父母的过度保护剥夺了青少年的自主权、高要求强化了青少年的无效感、高强度控制弱化了青少年的控制力（俞国良、赵成佳，2024），同时也会增加他们成年后抑郁的风险，以及降低他们对生活的满意度（李珊珊、文军，2021）。我们需要以多元价值评价体系来评估孩子的成长。当前，以学业成绩为主的单一的学业评价体系使很多不同家庭背景的孩子处于相对不利的弱势地位，应建立包括动手能力、文体特长、道德品行等多方面的多元价值评价体系。改善这种强调学业的教育评价环境是让不同家庭背景、不同教育模式下的孩子突出自己的相对优势、实现向上流动的重要途径。

每个家庭的资源和条件不同，采用的养育方式也不同。在当前的社会体系中，不同的养育方式在孩子身上形成了不同的比较优势。拉鲁在《不平等的童年》一书中，将中产阶层的养育方式命名为"协作培养"，将工人阶层的养育方式命名为"成就自然成长"。她并没有将这些不同的养育方式简单地贴上标签并进行价值评判——判定"协作培养"的方式是先进的、科学的、普世的并需要倡导的，而"成就自然成长"则是粗暴的、落后的、需要改变的（肖索未，2011）。"协作培养"的方式需要父母具备一定的经济资本、文化资本以及时间资源，而这往往只是处于优势地位的人才能拥有的。这对于没有接受过太多教育、从事体力劳动、为生计忙得筋疲力尽的工薪家庭来说是不现实的。与此同时，拉鲁提醒读者，中产阶层对孩子的培养往往以全家人忙乱、疲惫不堪的生活为代价，而这种教养方式也容易造成孩子出现"自我中心""兄弟姐妹关系紧张"等问题；相反，工薪阶层的孩子能够自娱自乐，保持了强大的创造力，以及与家庭其他成员的紧密关系（肖索未，2011）。

从经济学家的视角来看，所有的教养方式都各有利弊。例如，专断型教养方式在低社会流动性的社会中可能效果不错，因为在这样的社会中，成功要求严格服从于传统社会角色，而叛逆态度可能会给孩子的人生带来麻烦。发展心理学的最新研究指出，严格的教养方式对孩子会产生负面的情感与行为的影响。侵入性的权威型教养方式能增强个人成功的驱动力，但同时也阻碍了孩子独立思考能力和想象力的发展。此外，虽然权威型家长能够提高孩子的学校成绩，但这对于社会而言并不总是有利的。放任型教养方式有利于培养孩子的想象力和独立性。然而，在某些环境中，被放任自流的孩子可能会被诱导尝试酒精、毒品等危险物品。家长管教的缺位也助长了有些孩子只顾眼前快乐、不顾长远后果的冲动（德普克、齐利博蒂，2019：335～336）。儿童养育中需要尊重孩子的差异、父母的资源和理念，实现多样化养育（德普克、齐利博蒂，2019：170）。

三　重塑观念：倡导做"园丁式"父母

通过本书的研究，我希望通过这些鲜活的个体、具身的养育困境，让我们多一些同理心来体察不同社会经济地位的家庭在养育实践中的差异，提醒我们放下"理想亲职"的抱负，为父母松绑，给孩子更多自主性。究竟什么是"好的教育"，已经成为现代社会家长的共同关切。纪录片导演周轶君在《他乡的童年》中通过走访日本、芬兰、新西兰、英国、以色列、泰国等国的教育理念和儿童童年，让人们看见优绩主义下考试、补课与升学之外的多元路径，在世界不同地方教育的多样形态。在周轶君看来，没有完美的教育。那么，我们持有怎样的养育观，决定了我们如何养育孩子，需要去重新审视何谓童年。

重塑养育观念需要从以下两方面进行反思。一是养育孩子的目的是什么？养育孩子的终极目的不是培养优秀的孩子，而是帮助每个孩子都找到属于自己的幸福。二是尊重孩子的主体性。儿童作为现代社会中有主体性的人，不是家长养育实践的被动接受者，而是家长养育实践中积极的思考者、感受者和行动者。童年时期，个体既要为成年生活做必要准备，也有充分的权利活在当下并享受儿童时期生活的美好。儿童时期的生活质量，是衡量个体一生幸福的重要指标（程福财，2021）。儿童时代被丰子恺称为人生的黄金时代，儿童需要更长的时间去成长，应该得到按照自己的发展节奏自然成长的权利，这是个体主体性发展的基础（王芳，2021）。然而，随着密集型养育的兴起，越来越多"赢在起跑线上"的教育竞争导致父母们形成了越来越高的教育期待，于是也就投入了越来越多的时间与资金，以让孩子在同辈中保持竞争力。孩子的学习与成长被父母安排，孩子失去了自由玩耍和自我成长的空间。

美国心理学家艾莉森·高普尼克（Alison Gopnik）用"园丁"与"木匠"来比喻两种不同的教养风格。高普尼克指出，在现代的教养模式中，父母就像木匠。木匠型父母把养孩子看成一项工作，有了目标之后就期待有结果，有了目标之后就有了塑造孩子人生的计划和目标，精心为孩子策划每一步，包括孩子上什么样的幼儿园、上什么样的小学中学大学、从事什么样的工作、找什么样的配偶等。高普尼克提倡做"园丁式"父母，旨在营造营养丰富、安全稳定的环境，让各式各样的鲜花茁壮成长，为孩子提供一个健康、强大、多样的生态系统，让他们创造具有无限可能的未来（高普尼克，2019：237）。好父母不一定会把孩子变成聪明、快乐或成功的成年人，但可以打造出强健、适应性强和具有韧性的新一代人，以更好地应对未来将要面临的不可避免、不可预测的变化（高普尼克，2019：16）。学界呼吁将儿童的主体性带回儿童的养育实践中，实际上是靠家长主体性的重塑实现的。

四　重构父职：父母共同参与儿童养育

父职是指如何做父亲的理念和实践，是一套与父亲的权利、义务、责任、地位相关的文化编码（王亮，2022）。费孝通先生指出，传统家庭在养育组织上有着"严母慈父"的传统，母亲负责子女的"生理性抚育"，侧重于情感关怀和亲力亲为的照料；而父亲负责孩子的"社会性抚育"，主要培养孩子的道德、品格、知识和技能（费孝通，1998：106）。现代社会，随着女性受教育程度的不断提升以及女性参与劳动力市场，传统的性别分工模式难以适应现代社会分工体系的发展，需要男女两性共担养育责任和家庭事务。

本书案例中，在工薪家庭子女养育中，父亲参与不足已经成为影响母亲养育体验及生育意愿的重要因素。在城市中产家庭中，父母在养育孩子中的分工协作在很多家庭已经成为主流。新近研究发现，较之母亲包揽型养育孩子，父母合作养育孩子更有助于促进儿童的学业表现、心态、亲子关系和丰富课外生活的安排（张春泥等，2024）。传统中国社会对父职形象的建构是"养家人""严父""父爱如山"，强调父亲在儿童抚育中的经济职能和秩序维持（张春泥等，2024）。

新的社会形势下，需要重构父职，这个转变对许多男性尤其是工薪家庭的男性具有较大挑战。但父亲的参与，恰恰是缩小阶层养育差异的一个重要途径，因为积极的父母共育会增加家庭的情感支持，增强亲子之间的依恋关系和安全感，为子女提供更多元的思维和环境体验，有利于儿童人格的健康发展和情感的良性发展，从而提升自我价值感和激发内驱力，实现更好的自我发展。相关研究也发现，当男性更多参与家庭事务时，女性的生育意愿显著提升。当女性在家庭事务中感受到更多的支持与分担时，她们的心理和身体压力会减轻，也更能承受生育负担，进而对生育持更积极的态度（卿石松、王嘉昊，2024）。

近几年，学界提出"新父职"的概念，指兼顾经济支持、身心照料与情感融入的为父之道（王亮，2022）。本书发现，在城市中产家庭中，父亲具有较高的学历、较强的性别平等意识，不被传统性别角色规训，多数能主动承担起"新父职"。而在工薪家庭中，很多男性依然被传统的性别角色分工影响，较少参与儿童抚育。随着新时代家庭的变迁，不管是提升儿童的养育质量还是促进生育友好环境的构建，夫妻共担养育责任都是当下亟须推进的重要领域。

重构父职的同时，需要为母职松绑。本研究发现，当下的母职处于照顾型母职、教育型母职和情感型母职的三重规范之下，面临平衡工作与兼顾养育孩子的困境、理想母职下力不从心的困境以及不知道怎样做好母亲的困境。在这样的规范与困境之下，母亲们面临着养育焦虑。这样的养育焦虑部分源于家庭内部养育分工的协商，需要从家庭内共担养育责任、营造男性参与养育工作的社会文化；需要构建一些社区层面的支持方式。比如，已有研究注意到包括全职妈妈、流动妈妈和乡村妇女在内的不同女性群体通过自发或半自发性的社会联结和互助，整合社区资源，建立社会纽带，在"抱团养娃""互助养育孩子"和社区参与的过程中超越既有的家庭私人边界，在实现女性群体互助成长和价值实现的同时，推动社区治理的多方协作与发展（施芸卿，2022；李洁、吉来诗琴，2022）。通过这样的互助式养育，实现母亲们在生活照料、资源共享和情感支持方面的相互支持，减轻养育孩子的压力。

五　重视家庭养育方式与儿童心理健康的关联

当下，对孩子高度投入和参与的"密集型"养育方式被认为是理想的方式，经由中产家庭的习得而作为理想亲职的范式向社会传播，它设立了被认为是"好父母"的标准。但同时，这样的要求给父母自身的职业发展、情感表达等造成了束缚，特别是对资源不足的家庭，容易造成养育挫败感，产生养育倦怠。父母承受过大的压力会造成养育方式的简单粗暴和不稳定，最终受害的还是孩子。

在本书的访谈中，有多起儿童心理健康出现问题的个案。在与心理咨询师访谈时，他们也谈到了家庭氛围及父母的养育方式是引发儿童心理健康危机的重要原因。从影响儿童心理健康的社会因素看，身体活动减少、屏幕使用时间增加、课业负担过重，被认为是当前影响儿童健康的重要风险因素。从家庭看，父母的养育方式是影响青少年人格特征、心理健康、自我意识等的关键因素。

根据本书的个案，家庭养育方式引发儿童心理健康危机主要有三方面的原因。一是父母过度参与对儿童心理健康的影响。父母过度参与对儿童发展的影响主要表现在：高保护剥夺了青少年的自主权，高要求强化了青少年的无效感，高控制弱化了青少年的控制力（俞国良、赵成佳，2024）。本书的调研发现，父母过度参与对儿童的主体性发展造成了阻碍，提高了子女的学业拖延程度，影响了子女学习的主动性。二是父母情感忽视对儿童心理健康的影响。希望子女有更高的学业成就、能考上好大学，是各阶层父母对子女普遍的期望。高教育期望会导致父母在学业辅导、课外补习支出或亲子互动上付出更多努力，只有当教育投入能兼顾物质和情感的均衡，才会产生正向的"协同配置"效应（王建武、王思杨，2025）。如果父母在严格与温情之间取得平衡，物质和情感支持形成协同效应，那么这不仅能帮助子女取得更好的学业成绩，而且能带来更高的内在安全感和抗压能力（许丹红、桂勇，2023；俞国良、靳娟娟，2022）。有学者通过研究课外补习对中学生的情绪健康状况的影响发现，在补习参与过程中，较高阶层的家长能用"积极回应、注重沟通"的养育方式，及时体察和回应子女在课外培训中的负向情绪，引导子女进行情绪调节。当子女受到负向情绪困扰时，较低阶层的家长可能无法及时察觉到子女的情绪变化并进行有效的沟通、引导与回应（李适源、刘爱玉，2022）。这造成了孩子对课外补习的负向情绪，不但减弱了课外补习的学业提升效果，也增加了儿童的心理健康危机。本书工薪家庭"摇摆型"养育实践中的很多案例同样呈现了这样的特征。在工薪家庭"无力型"养育实践中父母由于忙于工作与孩子有较少的沟通与回应而引发孩子出现低学习动力与低自我教育期望。在这两种类型的养育实践中，除了家庭经济资本不足之外，父母与孩子沟通的不足和对孩子情感的忽视是主要原因。

三是父母的养育倦怠对儿童心理健康的影响。本书的个案中有大量工薪家庭存在养育倦怠。父母养育倦怠是指在长期育养育程中，父母由于角色压力和持续的养育责任所感受到的情绪耗竭、成就感下降以及与子女情感疏远的复合心理状态（李森、张双喜、俞国良，2024）。父母的养育倦怠主要是由父母在育养育责任上的期望值不断升高与相应的育养育持系统不足引发的。这一状态不仅严重影响父母个人的身心健康，抑制其再生育意愿，而且对孩子的心理健康产生诸多不良影响，易导致内化问题（如焦虑和抑郁）和外化问题（如攻击行为和违纪行为）的出现（李森、张双喜、俞国良，2024）。

青少年心理健康问题已经成为全球性挑战。针对父母过度养育、对孩子情感关注不足以及养育倦怠所可能产生的心理健康危机需要从以下方面协同应对。一是警惕教育参与中的"过犹不及"。应试教育的竞争压力下催生了父母的教育焦虑，由此推动了教育参与的高程度，父母的教育参与能否有效提高子女的认知能力，取决于参与是否适度适量。换言之，父母教育参与和子女认知能力之间呈非线性关系（李昂然，2024）。二是注重亲子关系，对孩子的教育投入应是物质投入和情感投入并重。避免在对孩子的教育参与中"学业至上"，忽视了对孩子情绪和情感的关注。亲子关系是家庭教养能否产生正向作用的关键，孩子和父母在一起是否幸福是衡量养育质量如何的核心面向。三是放下"教养的迷思"，缓解养育倦怠。哈里斯在《教养的迷思——父母的教养方式能否决定孩子的人格发展？》一书中指出，"假如没有负罪感，不考虑你的教养方式如何长久地影响你孩子脆弱的心灵，孩子教养对家长来说并不难"（哈里斯，2015：111）。父母的养育方式并不能决定孩子的人格发展，对孩子的发展产生影响的不只有父母，还有同辈群体，帮助孩子选择同辈群体是父母决定孩子未来生活的方法之一（哈里斯，2015：391）。享受养育孩子的过程，而不要把养育视为枷锁，是构建良好亲子关系、促进孩子健康成长的基石。

六　多元发力，构建弱势家庭养育支持体系

通过前文的分析我们看到，家庭成为影响教育的关键变量，从个案的描述中我们可以清晰地看到不同阶层在养育理念和养育投入上的巨大差异，如何提升工薪家庭父母的养育水平以保障弱势家庭儿童的养育质量成为一个至关重要的问题。父母教育参与对教育公平的影响具有双重属性。如果教育政策能引导弱势父母以一种更加积极的沟通方式和更理性的方式介入孩子的教育过程，培养他们的自信心和综合素质，将更有利于孩子未来发展和获得更多的机会，促进社会流动（李昂然，2021）。正如艾斯平·安德森所指出的，生活机会越来越取决于公民可以积聚的文化资本、社会资本和认知资本，不同阶层孩子的人生机会差距在急剧拉大，如何针对这些家庭提供相应的支援性服务，促进家庭中儿童的全面发展，理应成为国家社会政策关注的重点（李一，2021）。

首先，构建弱势家庭子女教育多元提升路径。一是在数字经济持

续发展的今天，国家可通过教育财政实施新一轮的教育支持计划，通过数字技术赋能的方式，实现教育资源匮乏的地区能够享有发达地区优质课堂教育资源的机会，实现义务教育在城乡之间、区域之间、校际的优质均衡；二是引入社会组织为弱势家庭子女提供课后辅导、兴趣拓展、心理辅导等服务，以弥补家庭在文化资本方面的差异；三是以新型产教融合推动职业教育高质量发展。职业教育作为教育体系的重要组成部分，侧重于实践技能的培养，优质的职业教育对于阻断贫困代际传递、助力国家脱贫攻坚、实现阶层向上流动具有重要作用。对工薪家庭的调研发现，多数工薪家庭子女将进入职业教育体系，但当下职业教育的人才培养模式与就业市场的接轨方面仍存在一些问题，需要不断创新职业教育的办学模式。

其次，构建弱势家庭支持政策，提升家庭养育功能。当前，我国对弱势家庭的教育帮扶主要是政府支持，这一模式在短期内能聚集优质教育资源，效果比较明显，但弱势家庭的子女教育作为社会发展中的社会治理问题，其根源在于弱势群体在资源占有中的不均衡性，导致父母教育投入不足，使教育累积优势呈现明显的阶层差异，这就需要将系统性治理的思维引入弱势家庭的子女教育。政策干预可以缩小养育差距并防止养育不平等的形成。有两类政策可以提供帮助，第一类政策是解决养育差距背后的问题。养育差距主要是由父母的资源及面临的约束导致的，增加父母的资源，减少对其的约束性因素能缩小养育差距。诺贝尔奖获得者詹姆斯·赫克曼（Jmaes Heckman）与其他学者合作进行的研究表明了儿童在出生到 5 岁这五年间习得技能的重要性。现有大量研究表明，特别针对贫困家庭高质量的儿童保育和支持家长在家中的育儿补贴已被证明非常有效。"真金白银"的援助可以减轻贫困家庭的经济压力，从而减缓经济压力对孩子早期大脑发育的伤害。在孩子自出生到 5 岁这五年间，家庭收入每增加 3000 美元，他们长大后在校期间的学习表现会更优秀，SAT 的成绩能增加 20 分，而进入社会后的经济收入也能增加近 20%（帕特南，2017：276）。另一个政策领域是为幼儿园提供补贴，提供更多的儿童托育服务，为弱势家庭的家长特别是母亲提供进入劳动力市场的保障，同时为不同社会经济背景的孩子提供一起成长的机会。第二类政策侧重于对弱势家庭孩子养育的社会支持体系的构建。从前文的研究中我们可以看到，在受教育程度高和受教育程度低的家庭之间存在不断扩大的家庭教育鸿沟，而儿童的学前教育和家庭教育也是机会鸿沟的重要推手。学前教育项目如能得到良好的规划和扎实的执行，就有望成为一项关键战略，改变来自低收入家庭孩子的人生机遇（帕特南，2017：281）。这些儿童早期干预计划起作用的重要机制是改进非认知技能。这些技能包括使人们在学校和工作场所中成功进行社交互动的能力，比如积极性、耐心、毅力、自我控制以及评判当前行动对未来的影响（德普克、齐利博蒂：2019：172）。另一类有助于缩小养育差距的政策是教育体系的组织方式。当下的孩子在学校度过了大部分童年时光，学校对于养育的社会经济差异非常重要（德普克、齐利博蒂：2019：173）。帕特南通过对美国"学校改革"的研究发现，延长学生在校时间，提供更多的课外活动和训练机会，有助于弥合阶级间的机会鸿沟（帕特南，2017：284）。提升校内教学质量，实现义务阶段教育资源的均衡化，延长学生在校时间，提供优质的、免费的在线教育资源，可以弥补弱势家庭教育资源不足。

第三节　本书的贡献与局限

本书在对现有文献的扩展和补充方面作出了一定贡献。其一，以布迪厄的社会实践理论为理论框架，运用定性研究方法细致且深入地探讨了当前城市不同家庭的儿童养育实践，拓宽了儿童养育研究的理论和经验视野。其二，为理解家庭养育实践提供了微观解释进路，呈现了不同社会经济地位家庭的养育实践，指出了养育实践是生成性过程及动态转化模式。其三，个体的养育实践是一种社会建构的行为状态，其养育实践并非单纯个体化的经验，而是受到场域、资本和习性多重因素的影响。本书不是对不同类型的养育实践提出价值判断，而是去探索不同社会经济地位的家庭间养育实践的多元与分化，把养育过程中的多样性、复杂性与矛盾性作为理解社会的一个微观窗口。

本书仍有不足之处。第一，对养育实践与儿童发展之间的关键环节——儿童的主体性关注不足。随着孩子进入不同生命阶段，养育过程会面临新的不确定性与挑战，父母的养育实践也会发生变化。养育不是父母单向度的选择，而是亲子间互构的结果，有待未来进一步深入研究。第二，对家庭多元化养育实践差异的影响因素和影响程度的诠释不足。本书仅对此议题进行了初步尝试性分析，在探讨家庭养育实践形成的因素分析与检验上还需结合大样本的定量分析进行验证。第三，对养育实践与儿童发展的关系研究不足。不同类型的养育实践可能对孩子产生的影响以及孩子未来的发展需要追踪研究。正因如此，我们应该鼓励更多基于学校与学生的调查研究和数据库建设，追踪养育实践与儿童发展的关系，为促进孩子健康成长提供可靠的经验依据。

沿着本书的研究主题和脉络，围绕家庭儿童养育，还有很多值得探讨的问题。加强对城市家庭儿童养育实践模式的类型化分析及养育实践分化逻辑与形成机制的分析，可以为我们提升教育质量、减轻父母养育负担提供一些参考借鉴。下面提出一些可以进一步研究的问题供参考。这些研究问题可以让我们透过家庭养育这一棱镜看到更多需要探讨的内容。这些可供研究的问题主要包括如下几个方面。一是重视家庭养育与儿童心理健康的关联。当下的很多家庭，特别是孩子处于小学高年级和初中阶段的家庭，儿童的网络沉迷和心理健康成为父母养育焦虑的重要来源。二是如何促进传统优秀养育文化与现代养育理念的融合以减轻父母的养育焦虑、提高养育质量。当下家庭儿童养育的困境之一是科学养育话语与父母养育本能之间的冲突。而这是因为科学养育话语与中国传统养育文化之间存在冲突或者不一致之处。因此，需要基于传统优秀养育文化重构中国本土养育话语体系。三是以儿童"群育"构建儿童养育共同体，形成儿童养育的支持体系，尤其是要加强社区层面互助育儿团体的建设。

参考文献

A.C. 马卡连柯，2011，《家庭和儿童教育》，丽娃译，上海人民出版社。

埃尔斯特，乔恩，2019，《解释社会行为：社会科学的机制视角》，刘骥、何淑静、熊彩等译，重庆大学出版社。

艾恺，2022，《持续焦虑：世界范围内的反现代化思潮》，生活·读书·新知三联书店。

安超，2020，《科学浪潮与养育焦虑：家庭教育的母职中心化和儿童的命运》，《少年儿童研究》第 3 期。

安超，2021，《拉扯大的孩子：民间养育学的文化家谱》，社会科学文献出版社。

伯格，彼得、卢克曼，托马斯，2019，《现实的社会建构》，吴肃然译，北京大学出版社。

布迪厄、华康德，2004，《实践与反思：反思社会学导引》，李猛、李康译，中央编译出版社。

布迪厄，皮埃尔，2012，《实践感》，蒋梓骅译，译林出版社。

布迪厄，皮埃尔，2015，《区分：判断力的社会批判》，刘晖译，商务印书馆。

布尔迪厄，2015，《区分：判断力的社会批判》（上册），刘晖译，商务印书馆。

布尔迪厄，皮埃尔，2007，《实践理性：关于行为理论》，谭立德译，生活·读书·新知三联书店。

布尔迪约、帕斯隆,2002,《继承人——大学生与文化》,邢克超译,商务印书馆。

蔡玲,2021a,《异质的中产阶层教养方式:理想类型与"双重"行为逻辑》,《社会科学动态》第10期。

蔡玲,2021b,《育儿差距:家庭教养方式的实践与分化》,《青年探索》第3期。

柴江,2021,《家校合作的本质属性、困境根源与破解思路》,《南京师大学报》(社会科学版)第3期。

陈乐乐,2019,《新中国70年儿童观的历史考察与反思》,《南京师大学报》(社会科学版)第3期。

陈蒙,2018,《城市中产阶层女性的理想母职叙事——一项基于上海家庭的质性研究》,《妇女研究论丛》第2期。

陈向明,2000,《质的研究方法与社会科学研究》,教育科学出版社。

程福财,2021,《被"结构化"的童年与一场思想的革命》,《探索与争鸣》第5期。

程福财、于贤荣,2012,《跨代育儿组合与中国独生子女的养育——评〈中国独生子女政策与多重照顾〉》,《当代青年研究》第8期。

程猛、陈娴,2018,《"读书的料"及其文化意蕴》,《基础教育》第4期。

程猛、康永久,2016,《物或损之而益:关于底层文化资本的另一种言说》,《清华大学教育研究》第4期。

池丽萍、俞国良,2011,《教育成就代际传递的机制:资本和沟通的视角》,《教育研究》第9期。

仇立平,2008,《社会研究方法》,重庆大学出版社。

仇立平、肖日葵,2011,《文化资本与社会地位获得——基于上海市的实证研究》,《中国社会科学》第6期。

丛金洲,2024,《青少年教育获得的祖代效应及影响机制》,博士学位论文，华东师范大学。

丛金洲、吴瑞君，2024，《家庭教养选择实践与多代教育传递——基于布迪厄社会实践理论的视角》，《当代青年研究》第 4 期。

德普克，马赛厄斯、齐利博蒂，法布里奇奥，2019，《爱、金钱和孩子：育儿经济学》，吴娴、鲁敏儿译，上海人民出版社。

邓林园、唐逸文、邹盛濠、李蓓蕾，2024，《重新审视"好"父母：密集型育儿及其对儿童青少年发展的影响》，《北京师范大学学报》（社会科学版）第 4 期。

刁钟伟、郑钢，2008，《父母养育目标的文化差异》，《心理科学进展》第 1 期。

段岩娜，2021，《认同、反思与游离：城市中产家庭"密集型育儿"的类型化分析》，《云南社会科学》第 6 期。

方长春，2019，《教育扩张是否影响了教育收益率——基于中国城镇数据的 HLM 分析》，《教育研究》第 1 期。

方英，2009，《"全职太太"与中国城市性别秩序的变化》，《浙江学刊》第 1 期。

费孝通，1998，《乡土中国 生育制度》，北京大学出版社。

傅小兰、张侃、陈雪峰，2021，《中国国民心理健康报告（2019—2020）》，社会科学文献出版社。

高明华，2006，《教育不平等与阶层再生产——布迪厄概念框架的一个应用研究》，硕士学位论文，中央民族大学。

高明华，2013，《教育不平等的身心机制及其干预策略——以农民工子女为例》，《中国社会科学》第 4 期。

高普尼克，艾莉森，2019，《园丁与木匠》，浙江人民出版社。

戈尔丁，克劳迪娅，2023，《事业还是家庭？女性追求平等的百年旅程》，颜进宇、颜超凡译，中信出版社。

官留记，2008，《布迪厄的社会实践理论》，《理论探讨》第 6 期。

关宜馨，2025，《不确定的爱：当代中国育儿的希望与困惑》，毛超予

　　译，上海译文出版社。

郭丛斌、闵维方，2006，《家庭经济和文化资本对子女教育机会获得
　　的影响》，《高等教育研究》第 11 期。

哈里斯，朱迪斯，2015，《教养的迷思——父母的教养方式能否决定孩
　　子的人格发展?》，张庆宗译，上海译文出版社。

韩丽丽、田国秀，2022，《文化、经济、阶层和性别：过度养育的四维
　　探究》，《首都师范大学学报》（社会科学版）第 6 期。

贺晓星，2014，《作为方法的家庭：教育研究的新视角》，《教育学术
　　月刊》第 1 期。

胡安宁，2017，《文化资本研究：中国语境下的再思考》，《社会科学》
　　第 1 期。

胡安宁，2018，《差序格局，"差"、"序"几何？——针对差序格局经
　　验测量的一项探索性研究》，《社会科学》第 1 期。

胡敏洁，2023，《"母职惩罚"中的女性平等权及国家保护》，《浙江学
　　刊》第 4 期。

黄超，2018，《家长教养方式的阶层差异及其对子女非认知能力的影
　　响》，《社会》第 6 期。

黄璟珲、谢均才，2022，《中国社会的母育研究：当代议题与研究展
　　望》，《福建师范大学学报》（哲学社会科学版）第 5 期。

黄盈盈、潘绥铭，2009，《中国社会调查中的研究伦理：方法论层次的
　　反思》，《中国社会科学》第 2 期。

黄盈盈、潘绥铭、王东，2008，《定性调查："求同法"、"求异法"与
　　"求全法"的不同性质》，《中国人民大学学报》第 4 期。

黄宗智，2023，《"实践社会科学"研究进路：一个总结性的介绍和论
　　析》，《开放时代》第 4 期。

吉登斯，安东尼，2011，《现代性的后果》，田禾译，译林出版社。

纪莺莺、阮文雅，2024，《显性断裂与隐性承袭：从代际共育看家庭伦
　　理的现代化》，《社会》第 2 期。

姜以琳，2024，《学神：走向全球竞争的中国年轻精英》，郑昕远译，中信出版社。

金一虹，2006，《"铁姑娘"再思考——中国文化大革命期间的社会性别与劳动》，《社会学研究》第 1 期。

金一虹，2013，《社会转型中的中国工作母亲》，《学海》第 2 期。

金一虹、杨笛，2015，《教育"拼妈"——"家长主义"的盛行与母职再造》，《南京社会科学》第 2 期。

景军主编，2017，《喂养中国小皇帝：食物、儿童和社会变迁》，钱霖亮、李胜译，华东师范大学出版社。

卡斯克，蕾切尔，2019，《成为母亲：一名知识女性的自白》，黄建树译，上海人民出版社。

柯林斯，兰德尔，2018，《文凭社会——教育与分层的历史社会学》，刘冉译，北京大学出版社。

拉鲁，安妮特，2010，《不平等的童年》，张旭译，北京大学出版社。

蓝佩嘉，2014，《做父母、做阶级：亲职叙事、教养实作与阶级不平等》，《台湾社会学》第 27 期。

蓝佩嘉，2019，《拼教养——全球化、亲职焦虑与不平等童年》，台北：春山出版。

雷望红，2020，《中国城乡母职形象何以分化——"教育家庭化"中的城市"虎妈"与农村"猫妈"》，《探索与争鸣》第 10 期。

李昂然，2021，《"最优教育环境"如何实现》，《创新世界周刊》第 8 期。

李昂然，2024，《父母"鸡娃"，过犹不及？——初中家长教育参与和学生认知能力的非线性关系探究》，《当代青年研究》第 5 期。

李春玲，2019，《改革开放的孩子们：中国新生代与中国发展新时代》，《社会学研究》第 3 期。

李春玲、吕鹏，2008，《社会分层理论》，中国社会科学出版社。

李弘祺，2012，《学以为己：传统中国的教育》，香港中文大学出版社。

李洁、吉来诗琴，2022，《从"家庭"走向"社群"——"都市中产全职妈妈"社会参与的路径与价值探析》，《妇女研究论丛》第1期。

李洁、杨汉梅、张永琪，2023，《为母职赋权：产育期妇女"参与式社区支持系统"的搭建》，《妇女研究论丛》第2期。

李静，2005，《新中国家庭文化变迁（1949—1966）》，硕士学位论文，首都师范大学。

李路路、李升，2007，《"殊途异类"：当代中国城镇中产阶级的类型化分析》，《社会学研究》第6期。

李猛，2005，《布迪厄》，载杨善华《当代西方社会学理论》，北京大学出版社。

李强，2005，《关于中产阶级的理论与现状》，《社会》第1期。

李强、王昊，2017，《当前中产阶层壮大面临的结构性难题》，《北京日报》8月28日。

李森、张双喜、俞国良，2024，《父母倦怠对中小学生心理健康的影响：证据与教育对策》，《教育科学研究》第10期。

李珊珊、文军，2021，《"密集型育儿"：当代家庭教养方式的转型实践及其反思》，《国家教育行政学院学报》第3期。

李适源、刘爱玉，2022，《"忧郁的孩子们"：课外补习会带来负向情绪吗？基于中国教育追踪调查（CEPS）两期数据的因果推断》，《社会》第2期。

李想，2007，《中西方文化特点及其对父母教养方式的影响》，《当代教育论坛》，第12期。

李一，2018，《中产阶层家庭参加辅导班教养实践分析》，《青年研究》第5期。

李一，2021，《家庭的社会资本与儿童发展——评罗伯特·帕特南〈我们的孩子〉》，《社会政策研究》第1期。

李银河、陈俊杰，1993，《个人本位、家本位与生育观念》，《社会学研究》第 2 期。

李煜，2006，《制度变迁与教育不平等的产生机制——中国城市子女的教育获得（1966—2003）》，《中国社会科学》第 4 期。

李煜，2009，《代际流动的模式：理论理想型与中国现实》，《社会》第 6 期。

李忠路，2019，《子承父志——绩效原则认同感的代际传递》，《社会发展研究》第 1 期。

李忠路、邱泽奇，2016，《家庭背景如何影响儿童学业成就？——义务教育阶段家庭社会经济地位影响差异分析》第 4 期。

里韦拉，劳伦，2019，《出身：不平等的选拔与精英的自我复制》，江涛、李敏译，广西师范大学出版社。

林晓珊，2018，《"购买希望"：城镇家庭中的儿童教育消费》，《社会学研究》第 4 期。

刘保中，2018，《"鸿沟"与"鄙视链"：家庭教育投入的阶层差异——基于北上广特大城市的实证分析》，《北京工业大学学报》（社会科学版）第 2 期。

刘保中，2021，《家庭教育投入：期望、投资与参与》，社会科学文献出版社。

刘钺、余秀兰、云如先，2024，《优绩主义陷阱的本土检视：从"上下有别"到"先赋应得"》，《社会》第 4 期。

刘程、廖桂村，2019，《家庭教养方式的阶层分化及其后果：国外研究进展及反思》，《外国教育研究》第 11 期。

刘浩，2019，《中国家庭教养实践与阶层分化研究》，《北京社会科学》第 8 期。

刘浩、钱民辉，2015，《谁获得了教育——中国教育获得影响因素研究述评》，《高等教育研究》第 8 期。

刘精明，2008，《中国基础教育领域中的机会不平等及其变化》，《中国社会科学》第 5 期。

刘精明、李路路，2005，《阶层化：居住空间、生活方式、社会交往与阶层认同——我国城镇社会阶层化问题的实证研究》第 3 期。

刘欣，2003，《阶级惯习与品味：布迪厄的阶级理论》，《社会学研究》第 6 期。

刘洋，2020，《群体焦虑的传播动因：媒介可供性视角下基于微信育儿群的研究》，《新闻界》第 10 期。

刘咏聪，1997，《中国古代的育儿》，商务印书馆国际有限公司。

刘云杉，2012，《寒门难出贵子：基础教育与高等教育的双重困境》，《中国社会科学报》3 月 7 日，B1 版。

刘云杉，2018，《拔尖与创新：精英成长的张力》，《清华大学教育研究》第 6 期。

刘中一，2005，《场域、惯习与农民生育行为布迪厄实践理论视角下农民生育行为》，《社会》第 6 期。

卢春天、李一飞、陈玲，2019，《情感投入还是经济支持：对家庭教育投资的实证分析》，《社会发展研究》第 1 期。

卢晖临、李雪，2007，《如何走出个案——从个案研究到扩展个案研究》，《中国社会科学》第 1 期。

卢金诺夫，格雷格、海特，乔纳森，2020，《娇惯的心灵："钢铁"是怎么没有炼成的?》，田雷、苏心译，生活·读书·新知三联书店。

卢梭，1978，《爱弥儿》《上、下卷》，李平沤译，商务印书馆。

吕鹏，2006，《生产底层与底层的再生产》，《社会学研究》第 2 期。

洛克，约翰，1985，《教育漫话》，傅任敢译，人民教育出版社。

马春华、石金群、李银河、王震宇、唐灿，2011，《中国城市家庭变迁的趋势和最新发现》，《社会学研究》第 2 期。

马丁，薇妮斯蒂，2019，《我是个妈妈，我需要铂金包：一个耶鲁人类学博士的上东区育儿战争》，许恬宁译，中信出版集团。

马健生，2019，《论学校及其功能》，《清华大学教育研究》第 4 期。

米尔斯，赖特，1987，《白领：美国的中产阶级》，杨小东译，陕西人民出版社。

帕特南，罗伯特，2017，《我们的孩子》，田雷、宋昕译，中国政法大学出版社。

彭希哲、胡湛，2015，《当代中国家庭变迁与家庭政策重构》，《中国社会科学》第 12 期。

卿石松、王嘉昊，2024，《家务分工平等化对女性生育意愿的影响》，《青年研究》第 5 期。

渠敬东，2019，《迈向社会全体的个案研究》，《社会》第 1 期。

渠敬东、王楠，2019，《自由与教育：洛克与卢梭的教育哲学》，生活·读书·新知三联书店。

三浦展，2008，《阶层是会遗传的》，萧云菁译，北京现代出版社。

桑德尔，迈克尔，2021，《精英的傲慢：好的社会该如何定义成功?》，曾纪茂译，中信出版集团。

尚文鹏，2021，《在家上学——美国中产家庭非主流教育的理念与实践》，商务印书馆。

沈洪成，2020，《激活优势：家长主义浪潮下家长参与的群体差异》，《社会》第 2 期。

沈奕斐，2013，《个体家庭 iFmaily：中国城市现代化进程中的个体、家庭与国家》，上海三联书店。

沈奕斐，2014，《辣妈：个体化进程中母职与女权》，《南京社会科学》第 2 期。

施芸卿，2018，《当妈为何越来越难——社会变迁视角下的"母亲"》，《文化纵横》第 5 期。

施芸卿，2022，《以共同育儿为业：跨越儿童抚育的家庭边界——以一个城市社区的"抱团养娃"实践为例》，《妇女研究论丛》第 1 期。

斯沃茨，戴维，2012，《文化与权力：布尔迪厄的社会学》，陶东风译，上海世纪出版集团。

宋少鹏，2011，《"回家"还是"被回家"？——市场化过程中"妇女回家"讨论与中国社会意识形态转型》，《妇女研究论丛》第4期。

宋少鹏，2012，《从彰显到消失：集体主义时期的家庭劳动（1949—1966）》，《江苏社会科学》第1期。

孙贺群，2022，《共同的阶层上升希望与不同的育儿困境：城市新中产与劳动家庭教养方式对比的质性研究》，《少年儿童研究》第7期。

孙远太，2010，《家庭背景、文化资本与教育获得——上海城镇居民调查》，《青年研究》第2期。

谭敏、王伟宜，2025，《家庭资本转化：农村父母参与子女学业过程的策略性实践》，《福建论坛》（人文社会科学版）第1期。

唐魁玉、王德新，2016，《微信作为一种生活方式》，《哈尔滨工业大学学报》（社会科学版）第5期。

唐晓菁，2017，《城市"隔代抚育"——制度安排与独生子女一代年轻父母的角色、情感限制》，《河北学刊》第1期。

陶艳兰，2016a，《塑造理想母亲：变迁社会中育儿知识的建构》，《妇女研究论丛》第5期。

陶艳兰，2016b，《培育理想儿童：变迁社会中育儿知识的建构（1980—2014）》，博士学位论文，南京大学。

田丰，2019，《阶层教养方式述评：拉鲁框架与中国社会》，《社会发展研究》第1期。

田丰、静永超，2018，《工之子恒为工？——中国城市社会流动与家庭教养方式的阶层分化》，《社会学研究》第6期。

田丰、梁丹妮，2019，《中国城市家庭文化资本培养策略及阶层差异》，《青年研究》第5期。

佟新、陈玉佩，2019，《中国城镇学龄前儿童抚育政策的嵌入型变迁——兼论中国城镇女性社会角色的变化》，《山东社会科学》第

10 期。

佟新、杭苏红，2011，《学龄前儿童抚育模式的转型与工作着的母亲》，《中华女子学院学报》第 1 期。

涂尔干，爱弥儿，2016，《教育思想的演进》，李康译，商务印书馆。

王芳，2021，《小舍得："鸡娃"时代的主体性发展困境》，《学术月刊》第 11 期。

王建武、王思杨，2025，《促进还是抑制：父母教育期望与投入对子女心理健康的影响》，《青年研究》第 3 期。

王亮，2022，《"新父职"研究：概念厘清、理论脉络与研究展望》，《中国青年研究》第 6 期。

王铭铭，1997，《人与社会再生产：从〈生育制度〉到实践理论》，《社会科学战线》第 5 期。

王铭铭，2005，《社会人类学与中国研究》，广西师范大学出版社。

王宁，2001，《消费与认同——对消费社会学的一个分析框架的探索》，《社会学研究》第 1 期。

王威海、顾源，2012，《中国城乡居民的中学教育分流与职业地位获得》，《社会学研究》第 4 期。

王向贤，2017，《承前启后：1929—1933 年间劳动法对现代母职与父职的建构》，《社会学研究》第 6 期。

王雨磊，2020，《父职的脱嵌与再嵌：现代社会中的抚育关系与家庭伦理》，《中国青年研究》第 3 期。

威利斯，保罗，2013，《学做工：工人阶级子弟为何继承父业》，秘舒、凌旻华译，译林出版社。

韦伯，马克斯，1997，《经济学与社会》（上卷），林荣远译，商务印书馆。

魏杰、桑志琴，2019，《新生代母亲的抚育困境与育儿焦虑》，《中国青年研究》第 10 期。

文英，1960，《甜树结蜜果》，《新中国妇女》第 10 期。

吴帆、刘梦欣、陈玲，2024，《文化场域张力下的父母养育倦怠：基于14个后生育率转变国家的比较分析》，《人口研究》第6期。

吴小英，2020，《家庭之于女性：意义的探讨与重构》，《山西师大学报》（社会科学版）第5期。

吴愈晓，2013，《教育分流体制与中国的教育分层（1978—2008）》，《社会学研究》第4期。

吴愈晓，2017，《家庭、学校与文化的双重再生产：文化资本效应的异质性分析》，《社会发展研究》第4期。

吴愈晓，2020，《社会分层视野下的中国教育公平：宏观趋势与微观机制》，《南京师大学报》（社会科学版）第4期。

吴愈晓、黄超，2016，《基础教育中的学校阶层分割与学生教育期望》，《中国社会科学》第4期。

吴愈晓、黄超、黄苏雯，2017，《家庭、学校与文化的双重再生产：文化资本效应的异质性分析》，《社会发展研究》第3期。

吴愈晓、张帆，2020，《"近朱者赤"的健康代价：同辈影响与青少年的学业成绩和心理健康》，《教育研究》第7期。

吴重涵、张俊、王梅雾，2014，《家长参与的力量——家庭资本、家园校合作与儿童成长》，《教育学术月刊》第3期。

肖索未，2011，《社会阶层与童年的建构——从〈不平等的童年〉看民族志在儿童研究中的运用》，《湖南师范大学教育科学学报》第2期。

肖索未，2014，《"严母慈祖"：儿童抚育中的代际合作与权力关系》，《社会学研究》第6期。

肖瑛，2020，《"家"作为方法：中国社会理论的一种尝试》，《中国社会科学》第11期。

谢爱磊、洪岩璧，2018，《"寒门贵子"：文化资本匮乏与精英场域适应——基于"985"高校农村籍大学生的追踪研究》，《北京大学教育评论》第4期。

谢安邦、张东海，2007，《全人教育的缘起与思想理路》，《全球教育展望》第 11 期。

谢立中，2019，《布迪厄实践理论再审视》，《北京大学学报》（哲学社会科学版）第 2 期。

谢宇、胡婧炜、张春泥，2014，《中国家庭追踪调查：理念与实践》，《社会》第 2 期。

谢宇、张晓波、许琪、张春泥，2013，《第 2 章 收入分配》，载谢宇、张晓波、李建新、于学军、任强《中国民生发展报告 2013》，北京大学出版社。

熊秉真，2008，《中国孩子的历史：童年忆往》，广西师范大学出版社。

熊易寒，2010，《城市化的孩子：农民工子女的身份生产与政治社会化》，上海世纪出版集团。

徐慧、张建新、张梅玲，2008，《家庭教养方式对儿童社会化发展影响的研究综述》，《心理科学》第 4 期。

许丹红、桂勇，2023，《如何助子成龙？——家庭教养方式对优质高等教育获得的作用》，《社会学研究》第 5 期。

许放明，2006，《社会建构主义：渊源、理论与意义》，《上海交通大学学报》（哲学社会科学版）第 3 期。

许晶，2021，《培养好孩子：道德与儿童发展》，华东师范大学出版社。

许烺光，2001，《祖荫下：中国乡村的亲属、人格与社会流动》，台湾南天书局有限公司。

许敏，2014，《美国中产阶级"协作培养"家庭教育方式的伦理风险》，《道德与文明》第 1 期。

雅思贝尔斯，卡尔，2021，《什么是教育》，生活·读书·新知三联书店。

严飞，2021，《学历焦虑何以成为一种集体困扰》，《现代青年》第 2 期。

阎云翔，2016，《中国社会的个体化》，陆洋等译，上海译文出版社。

阎云翔，2017，《私人生活的变革——一个中国村庄里的爱情、家庭与亲密关系（1949—1999）》，龚小夏译，上海人民出版社。

杨发祥、闵兢，2022，《"鸡娃"的生成：现实图谱、制度形塑与文化建构》，《学术论坛》第 3 期。

杨菊华，2014，《"单独二孩"的政策影响——一个多层次的理论分析》，《中国卫生政策研究》第 9 期。

杨菊华，2017，《生育政策与中国家庭的变迁》，《开放时代》第 3 期。

杨可，2018，《母职的经纪人化——教育市场化背景下的母职变迁》，《妇女研究论丛》第 2 期。

杨善华，2011，《中国当代城市家庭变迁与家庭凝聚力》，《北京大学学报》第 2 期。

余秀兰，2006，《文化再生产：我国教育的城乡差距探析》，《华东师范大学学报》（教育科学版）第 2 期。

俞国良、靳娟娟，2022，《本体安全感：心理健康研究的社会学取向》，《河北学刊》第 2 期。

俞国良、赵成佳，2024，《"直升机教养"对青少年发展的影响：元分析的证据》，《教育科学研究》第 3 期。

约阿斯，汉斯、克诺伯，沃尔夫冈，2021，《社会理论二十讲》，郑作或译，上海人民出版社。

岳经纶、范昕，2018，《中国儿童照顾政策体系：回顾、反思与重构》，《中国社会科学》第 9 期。

泽利泽，2008，《给无价的孩子定价：变迁中的儿童社会价值》，王水雄、宋静、林虹译，格致出版社、上海人民出版社。

翟菁，2017，《集体化下的童年："大跃进"时期农村幼儿园研究》，《妇女研究论丛》第 2 期。

张传亮，2021，《布迪厄实践理论的整体性解读》，《南京理工大学学报》第 2 期。

张春泥，2019，《离异家庭的孩子们》，社会科学文献出版社。

张春泥、盛禾、肖风秋，2024，《包揽式还是合作式育儿更好？中国双亲家庭父母育儿分工状况与儿童发展》，《妇女研究论丛》第 6 期。

张静，2018，《案例分析的目标：从故事到知识》，《中国社会科学》第 8 期。

张亮，2016，《中国儿童照顾政策研究：基于性别、家庭和国家的视角》，上海人民出版社。

张骞、高雅仪，2022，《竞争与博弈：课外补习的学业回报与心理健康代价》，《社会》第 3 期。

张睿、李翼，2025，《摇摆型生育意愿：情感张力下育龄女性的生育决策逻辑与机理剖析》，《中国青年研究》第 2 期。

张秀兰、徐月宾，2003，《建构中国的发展型家庭政策》，《中国社会科学》第 6 期。

张翼，2005，《中国城市社会阶层冲突意识研究》，《中国社会科学》第 4 期。

赵鼎新，2020，《机制解释的诠释学挑战和回应》，《社会学评论》第 6 期。

赵鼎新，2020，《论机制解释在社会学中的地位及其局限》，《社会学研究》第 2 期。

赵雅馨，2023，《数字母职实践：在线分享育儿信息的内在逻辑、行动策略与群体认同》，《当代青年研究》第 3 期。

郑新蓉，2015，《"二胎政策"引发新教育生机》，《中国德育》第 8 期。

郑雅君，2023，《金榜题名之后：大学生出路分化之谜》，上海三联书店。

中国人民大学中国调查与数据中心，《中国教育追踪调查（2013—2015）》，http://ceps. ruc. edu. cn/。

钟晓慧、郭巍青，2017，《人口政策议题转换：从养育看生育——"全面二孩"下中产家庭的隔代抚养与儿童照顾》，《探索与争鸣》第 7 期。

钟晓慧、郭巍青，2018，《新社会风险视角下的中国超级妈妈——基于广州市家庭儿童照顾的实证研究》，《妇女研究论丛》第 2 期。

周东洋、吴愈晓，2018，《教育竞争和参照群体——课外补习流行现象的一个社会学解释》，《南京师大学报》（社会科学版）第 5 期。

周晓虹，2015，《文化反哺：变迁社会中的代际革命》，商务印书馆。

朱迪、陈蒙，2021，《城市中产家庭的子女品味培养与文化资本再生产》，《社会科学》第 4 期。

朱晓文、任围，2023，《家庭背景如何影响青少年数字技能？——基于家庭资本投入的解释》，《当代青年研究》第 1 期。

朱雪琴，2019，《我们的儿童观：从公共托育政策变迁看当代育儿焦虑》，澎湃新闻，8 月 14 日，https://www.sohu.com/a/333588711_260616。

朱永新，2017，《家校合作激活教育磁场——新教育实验"家校合作共育"的理论与实践》，《教育研究》第 11 期。

朱永新，2021，《新教育实验：为中国教育探路》，中国人民大学出版社。

邹强，2011，《中国当代家庭教育变迁研究》，天津大学出版社。

左际平，2005，《20 世纪 50 年代的妇女解放和男女义务平等：中国城市夫妻的经历与感受》，《社会》第 1 期。

左际平、蒋永萍，2009，《社会转型中城镇妇女的工作和家庭》，当代中国出版社。

Becker, G. S. & Nigel, T. 1976. "Child Endowments and the Quantity of Children." *Journal of Political Economy* 84：143-162.

Bourdieu, P. 1986. "The Forms of Capital." In J. Richardson（ed.），*Handbook of Theory and Research for the Sociology of Education*，p. 286. Westport：Greenwood Press.

Calarco, J. 2018. *Negotiating Opportunities：How the Middle Class Secures Advantages in School*. New York：Oxford University Press.

Coleman, J. S. 1987. "Families and Schools." *Educational Researcher* 16 (6): 32-38.

Coleman, J. S. 1998. *Social Capital in the Creation of Human Capital*." *American Journal of Sociology* 94: 95-120.

Craig, L., et al. 2015. "Parental Involvement in Homework: A Meta-analytic Review." *Journal of Educational Psychology* 107 (3): 523-539.

Crozier, G., Diane Reay, & David James. 2011. "Making it Work for Their Children: While Middle-class Parents and Working-class Schools." *International Studies in Sociology of Education* 21 (3): 123-145.

Daminger, A. 2019. "The Cognitive Dimension of Household Labor." *American Sociological Review* 84 (4): 609-633.

Dornbusch, S. M., Ritter, P. L., Leiderman, P. H., Roberts, D. F., & Fraleigh, M. J. 1989. "The Relation of Parenting Style to Adolescent School Performance." *Child Development* 60 (5): 1244-1257.

Dumais, S. 2002. "Cultural Capital, Gender, and School Success: The Role of Habitus." *Sociology of Education* (1).

Espino, M. G. 2012. "Two Sides of Intensive Parenting: Present and Future Dimensions in Contemporary Relations Between Parents and Children in Spain." *Childhood* (1).

Gux. 2020. "Parenting for Success: The Value of Children and Intensive Parenting in Post-reform China." *Child Indicators Research* (5).

Hochschild, A. 1983. *The Managed Heart Commercialization of Human Feeling*. University of California Press, Berkeley Los Angeles London, pp. 89-90.

Hout, M. 2015. "A Summary of What We Know about Social Mobility." *The Annals of the American Academy of Political and Social Science* 657 (1): 27-36.

Ishizuka, P. 2019. "Social Class, Gender, and Contemporary Parenting Standards in the United States: Evidence from a National Survey Experiment." *Social Forces* (3): 31-58.

Ji, Yingchun, et al. 2017. "Unequal Care, Unequal Work: Toward a More Comprehensive Understanding of Gender Inequality in Post-reform Urban China." *Sex Roles* (11): 765-778.

Lareau, A. 2015. "Cultural Knowledge and Social Inequality." *American Sociological Review* 80 (1): 1-27.

Liu, A. & Xie, Y. 2015. "Influences of Monetary and Non-monetary Family Resources on Children's Development in Verbal Ability in China." *Research in Social Stratification & Mobility* 40: 59-70.

Locke, J. Y. 2014. "The Impact of Over-parenting on Adolescent Development." *Child Development Perspectives* 8 (4): 222-227.

Macdonald, Cameron L. 1998. "Manufacturing Motherhood: The Shadow Work of Nannies and Au Pairs." *Qualitative Sociology* (1): 25-53.

Nelson, Margaretk. 2010. *Parenting Out of Control: Anxious Parents in Uncertain Times*. New York: New York University Press.

Park, J. H. & Kwon, Y. 2009. "Parental Goals and Parenting Practice of Upper-middle-class Korean Mothers with Preschool Children." *Journal of Early Childhood Research* (1): 58-75.

Reay, D. 2000. "A Useful Extension of Bourdieu's Conceptual Framework? Emotional Capital as a way of Understanding Mothers'Involvement in Their Children's Education?" *The Sociological Review* 48 (4): 568-585.

Reay, D. 2004. "Gendering Bourdieu's Concepts of Capitals? Emotional Capital." *Women and Social Class* 52 (2_suppl): 57-74.

Shiffrin, H. H., Liss, M., Haley, M. M., et al. 2014. "Helping or

Hovering? The Effects of Helicopter Parenting on College Students' Well-being. " *Journal of Child & Family Studies* (23): 548–558.

Terry and Arendell. 2000. "Conceiving and Investigating Motherhood: The Decade's Scholarship. " *Journal of Marriage & Family* 62 (4): 1192–1207.

Ulferts, H. 2020. "Why Parenting Matters for Children in the 21st Century: An Evidence-based Framework for Understanding Parenting and its Impact on Child Development. " *OECD Education Working Papers* (6): 1–61.

Vincent, Carol, et al. 2004. "Middle Class Fractions, Childcare and the 'Relational' and 'Normative' Aspects of Class Practices. " *The Sociological Review* 53 (4): 478–502.

Vincent, C. & Ball, S. 2005. "The 'Child-care Champion'?" *New Labour, Social Justice and the Childcare Market* 31 (5): 557–570.

Yamamoto, Y. and Brinton, M. C. 2010. "Cultural Capital in East Asian Educational Systems: The Case of Japan. " *Sociology of Education* (1).

后　记

　　这部承载着六年光阴、数十个家庭故事与个人学术跋涉的文稿，终于以一种近乎"笨拙"的姿态出版成书。本书是在我博士后出站报告基础上修改而成的。选择养育作为学术研究的主题，始于一种个体化的人生体验——我成为两个孩子的母亲。当怀抱新生命，直面成长的跌宕，一种弥漫于时代空气中的养育焦虑便不再是抽象的社会议题，它化作切肤的体验、深夜的辗转与无言的困惑。这种人生体验驱动我从学术研究的角度，拨开重重迷雾：那看似个体化、情绪化的养育困境，其源头究竟潜藏于社会结构的哪道褶皱？当物质的丰盈前所未有地拥抱我们，为何养育的体验却日益沉重，仿佛背负着无形的"西西弗斯之石"？这些叩问，如暗夜中的萤火，指引我踏入研究的幽深丛林，从2019年至今，近2000个日夜的穿行，步履未曾停歇。

　　回望学术来路，这并非一次孤立的探究。硕士学习期间对农村分离的核心家庭的剖析，博士阶段对流动人口子女教育的深耕，直至博士后聚焦城市家庭的儿童养育，看似散落的课题，实则被一条隐形的丝线紧密串联，那便是对"家"与"育"这对人类文明基石的深切关怀与深思。它们共同构成了我理解中国社会变迁的独特棱镜，折射出转型期个体生命如何在宏观结构与微观情感的交织中挣扎、调适与突围。这份研究序列，已然内化为一种沉甸甸的学术使命，催促我不断寻找那被日常话语遮蔽的真相。

研究得以血肉丰满，归于那些向我敞开家门与心扉的妈妈们。她们不是简单的"样本"，而是带着各自故事与体温的"叙事者"。每一次叩门，每一次对话，都是一次信任的托付、一次灵魂的互访。同为母亲，我在她们身上看到了自己的影子，也看到了千差万别却同样坚韧的"养育者"群像。我曾聆听一位母亲在讲述养育孩子的挫败感时几度哽咽，泪水里浸满对"不够好"的自责，那是对"完美母亲"的无力；我曾感受一位父亲因孩子成长中的"偏离"而深陷焦虑漩涡，自责如同藤蔓缠绕心扉，揭示着"成功学"规训下个体的挫败感；我也曾目睹因深度卷入教育竞争而身心俱疲，最终被抑郁症阴影笼罩的母亲，她们的境遇是时代养育重负的注脚。当然，也有父母眼中闪烁着笃定的光，因践行自洽的养育理念而充满了"效能感"，他们的故事为多元养育路径的构建提供了可能。这些鲜活、真实甚至带着痛感的叙事，构成了本书最丰厚的土壤。我深知，这份信任何其珍贵。父母确实是世间最光荣也最严肃的"职业"。它要求我们倾注爱意与牺牲，更呼唤超越本能的智慧与敢于担当的勇气。这些平凡家庭在具体境遇中的实践、挣扎与创造，汇聚成养育星空中璀璨而多样的星辰，也铸就了本书力图描摹的养育形态的丰富图谱。我唯有以最深的敬意将它们的故事编织进学术的经纬。

学术之路，幸得明灯指引。特别感谢我的博士后合作导师——北京大学社会学系王铭铭教授。犹记初呈研究选题时的忐忑——担心"养育"这一微观日常议题在宏大理论殿堂中太微小。然而，王老师睿智的回应，瞬间驱散了迷雾："研究养育极好！这不仅是世界性的研究议题，更是本土社会学对话西方、建构自身知识体系的绝佳入口，在田野的深处，你定能发掘属于中国的养育智慧与逻辑。"寥寥数语，如定海神针，给予我前行的定力与信心。王老师更以其深厚的人类学素养，馈赠我无数富有洞见的建议，教会我以"他者的眼光"重新审视习以为常的养育场域。最令我感佩的，是他身上那种将深邃学问与鲜活生命浑然交融的人格魅力，学术于他，不是冰冷的术语堆砌，而是理解人、关怀人的温暖路径。

　　写作的航程，亦非孤帆。感谢同窗挚友马佳、郑庆杰，在无数次的思维碰撞中，你们敏锐的洞察与严谨的方法论指导，如同暗礁处的航标，助我理清思路，最终勾勒出本书的框架与脉络。感谢并肩同行的同事杨晶、吴云梅、李丽、王国爱、方婕，你们那些温暖的督促、真诚的鼓励、热烈的讨论，是推动我不断挑战自我、突破写作瓶颈的源源动力。学术的探索，因共享而丰盈，因碰撞而深刻。

　　这部书稿的诞生，深深植根于我个人生命的沃土。感谢我挚爱的父母，你们未曾用繁复的教条束缚我，而是在"自然成长"的朴素理念下，为我保留了探索的自主性与求知的热忱。从你们身上，我看到并承袭了宝贵的品质：朴素的努力、不屈的韧性以及对生活本身深沉的热爱。这些精神底色，早已内化为我学术跋涉的驱动力。我可以毫不愧疚地在外婆、奶奶的坟前说，我时刻记得你们的嘱托——"做一个成器的人""对得起天地良心"，那一系列做人的道理早已内化于心外化于行。我自觉长成了一个对家族和社会有用的人，外婆和奶奶会为我高兴吧！

　　最特别的献礼，要给予我的两个宝贝——豆豆与暖暖。你们是这项研究最原初的灵感与最恒久的动力。是你们让我真正置身于养育的"风暴眼"，亲历为人母的幸福与焦灼，也促使我拿起学术的透镜去凝视、去解析。书中流淌的每一处思考，都映照着你们成长的足迹。唯愿这世间纷繁的期望与规训，不曾遮蔽你们生命本真的光芒，愿你们始终循着内心的罗盘，长成独一无二的自己。

　　最深沉的谢意，献给我的先生。你以宽厚的肩膀、无限的包容，为我撑起一片安稳的天空，那份坚实的经济支撑与无言的情感托举，是让我得以在学术与家庭的平衡木上从容前行的基石。

　　回望这六年的研究历程，它早已超越了一次纯粹的学术产出，而是一场将学术探究与生命体验深度融合的情感之旅。我深深地热爱这项研究，并在其中体验到心流。研究之初，我自身亦深陷于时代性的

"养育焦虑"迷雾之中，被"标准童年"与"理想亲职"裹挟。然而，随着研究的深入，养育"黑箱"被打开，我的心态悄然发生了蜕变，趋向一种更为平和、更具接纳性的"佛系"之境。这并非消极的放任，而是源于一种深刻的领悟：做"园丁式"父母，尊重孩子的主体性。养育，从来不是个体与结构之间的角力，父母看似微小的、日常的、充满情感张力的实践，如同无数涓滴，持续地、坚韧地冲刷着看似坚固的"结构"之岸。每次基于爱与理解的调整，每次对既定规则的温和"偏离"，每次在资源匮乏中的创造性应对，都在无声地参与对"结构"本身的重塑。养育的实践，于是成为一场个体和结构之间永恒的对话与协商，一场在限制中创造自由、在重负下孕育希望的生命诗学。

段岩娜

2025 年 5 月 5 日

图书在版编目（CIP）数据

同舟异路：城市家庭儿童养育的多元实践 / 段岩娜
著 . --北京：社会科学文献出版社，2025.6. --ISBN
978-7-5228-5467-0

Ⅰ . G782

中国国家版本馆 CIP 数据核字第 20250YN032 号

同舟异路：城市家庭儿童养育的多元实践

著　　者 / 段岩娜

出 版 人 / 冀祥德
责任编辑 / 胡庆英　孟宁宁　孙海龙
责任印制 / 岳　阳

出　　版 / 社会科学文献出版社·群学分社（010）59367002
　　　　　　地址：北京市北三环中路甲 29 号院华龙大厦　邮编：100029
　　　　　　网址：www.ssap.com.cn
发　　行 / 社会科学文献出版社（010）59367028
印　　装 / 三河市龙林印务有限公司

规　　格 / 开 本：787mm × 1092mm　1/16
　　　　　　印 张：14.5　字 数：200 千字
版　　次 / 2025 年 6 月第 1 版　2025 年 6 月第 1 次印刷
书　　号 / ISBN 978-7-5228-5467-0
定　　价 / 89.00 元